Tranversales
MAGISTERIO

Penteado, Heloisa D.
        Medio ambiente y formación de profesores / Heloisa D. Penteado ;
traducción Roberto Pinzón. — Bogotá: Cooperativa Editorial Magisterio, 2000.
        p.104 ; cm. — (Colección Transversales) Incluye bibliografía.
        Título original : Meio ambiente e formacao de profesores.
        1. Formación profesional de maestros 2. Pedagogía 3. Educación
        Ambiental - Metodología 4. Protección del medio ambiente - Enseñanza
        I. Pinzón, Roberto, tr. II. Tít. III. Serie
371.12 cd 20 ed.
AHB6182
                        CEP-Biblioteca Luis-Angel Arango

 Transversales

Ecología y Medio ambiente

Medio ambiente y formación de profesores

Heloísa D. Penteado

MAGISTERIO EDITORIAL

Colección Transversales

Medio ambiente y formación de profesores

Título original: Meio Ambiente e Formaçao de Profesores
Coleçao Questões da Nossa Época, Volume 38
Cortez Editora, 1994. Rua Bartira, 387. São Paulo -S.P

Autora
©   *HELOÍSA D. PENTEADO*

Libro ISBN: 978-958-20-0587-0

Primera edición: 2000
Segunda edición: 2010
Reimpresión: 2018

©   COOPERATIVA EDITORIAL MAGISTERIO
      Diagonal 36 Bis # 20-70 *(Parkway La Soledad)*
      PBX: 3383605
      Bogotá, D.C., Colombia.
      www.magisterio.com.co
      info@magisterio.com.co

Dirección General
ALFREDO AYARZA BASTIDAS

Traducción
ROBERTO PINZÓN

Diseño de carátula
MAURICIO SUÁREZ

Contenido

Capítulo 1

Presentación

Medio ambiente, ciencias y disciplinas escolares

En los albores del siglo XXI, las cuestiones referentes al medio ambiente se presentan como uno de los problemas urgentes por resolver en los nuevos tiempos que se aproximan, con el fin de que la vida del hombre sobre la faz de la Tierra se preserve saludable, digna y productiva.

Una lectura de estas cuestiones llevada a cabo hoy en día desde el punto de vista de la ciencia revela y destaca el aspecto de los deterioros y daños físico-químicos infligidos a la naturaleza por interferencias inadvertidas e inclusive impensadas de los seres humanos.

Cuando se consideran en la perspectiva de la cultura, se traducen en llamados de alerta que buscan la transformación de los comportamientos cotidianos del ciudadano común, el cual, en esta perspectiva, pasa por ser el agente contaminador y destructor, como puede verse, por ejemplo, en las campañas televisivas en pro del aseo de los parques y en las publicitarias para la venta de productos supuestamente no agresivos con la naturaleza, como los biodegradables.

Sin pasar por alto lo que de verdadero hay en cada una de esas ópticas, ambas padecen de una escisión epistemológica: la científica, al atenerse a una aproximación naturalista a la cuestión, y la cultural, al limitarse a un abordaje individualista.

De esta forma, no dan en el blanco con el meollo del problema. Se tiene la idea de que una población a la que se le han aclarado las transformaciones físico-químicas a las que está sujeta la naturaleza, es, por ello, sensible a las sugerencias que se le hacen de comportamientos preservadores del medio ambiente. Así, una vez que se ha desencadenado el proceso de información al respecto, la solución de la degradación ambiental sería una *consecuencia natural*.

Sin embargo, he ahí a la realidad mostrándonos su rostro amenazante que nos afecta y nos aflige a escala mundial.

Para adquirir una mejor comprensión de los hechos que nos lleve a ejecutar acciones transformadoras adecuadas y de alcance efectivo, es preciso que enfrentemos algunas preguntas que nos lleven al meollo del problema.

¿Cuáles son los agentes contaminantes más significativos, por la extensión y la diversidad de los estragos causados?

¿Qué comportamientos y/o acciones es preciso desarrollar, y por quién, por cuáles agentes sociales, para revertir esta situación?

Brasil fue el escenario, en 1992, de la Conferencia de las Naciones Unidas sobre Medio Ambiente y Desarrollo. A lo largo de doce agitados días del mes de junio, la ciudad de Río de Janeiro acogió a más de cien jefes de Estado y de gobierno, aparte de a centenares de organizaciones no-gubernamentales (ONGS), que se reunieron para discutir, analizar y aprobar documentos referentes a los problemas ambientales. Entre estos documentos se destacan la *Declaración de Río de Janeiro*, que contiene los principios fundamentales de acción, dispuestos en 27 encabezados, todos votados y aprobados en Nueva York por los países participantes en la Eco-92, alrededor de dos meses antes de la Conferencia de Río; la *Agenda 21*, un programa de acciones tendientes a la preservación del medio ambiente (como dicha Declaración, la *Agenda 21* también carece de efectos legales); el *Tratado de Biodiversidad*, relativo a la preservación de especies y al derecho de patentaje de los productos que tengan como materia prima a las especies del planeta; la *Convención sobre el Clima*, que trata acerca de las emisiones de gas carbónico, con fuerza de compromiso jurídico internacional, pero sin que se haya fijado un plazo para el cumplimiento de los objetivos.

En una demostración del interés mundial en las cuestiones ambientales, la Eco-92 reveló otra faceta de estas cuestiones, en vista de la amplia y diversificada participación de que fue escenario (de carácter internacional, de órganos oficiales, de organizaciones civiles de ciudadanos) y por la índole de las discusiones y de los trabajos llevados a cabo y de los acuerdos firmados.

Un análisis, aun cuando sea somero, de los acontecimientos y las consecuencias de este evento pone en evidencia la extensión del carácter sociopolítico de las cuestiones ecológicas, ángulo desde el cual prácticamente no se abordan en la actualidad.

Uno de los países cuya participación en la Eco-92 se cuestionó más fueron los Estados Unidos.

En una evaluación efectuada por un grupo de 150 ONGS acerca del comportamiento de los países en la Conferencia, el peor le fue atribuido, por unanimidad, a los Estados Unidos, por su conducta destructiva durante las negociaciones de la *Convención de Climas* y del *Tratado de Biodiversidad*; el segundo lugar le correspondió a Arabia Saudita, por resistirse a las propuestas referentes a la utilización de formas de energía diferentes a las derivadas del petróleo; el tercer lugar le tocó al Japón; en cuarto quedó la Malasia por colocar su soberanía nacional por encima de los problemas ambientales.

Según datos del *Programa de la ONU para el Medio Ambiente* de 1992, la participación de los países del mundo en la producción de desechos tóxicos, en millones de toneladas por año, durante la década de los 80, fue la siguiente:

Productores	Desechos tóxicos millones de tons/año
Estados Unidos	275
Europa occidental	25
Europa oriental	22
Resto del planeta	19

Además, de acuerdo con informaciones de la fuente norteamericana American Public Transit Association, el automóvil es el medio de transporte terrestre que más contamina, ya que produce 934 gramos de gas carbónico por pasajero, por cada 100 km recorridos, mientras que un autobús produce 189 gramos en las mismas condiciones. Los Estados Unidos arrojaron a la atmósfera 1.000 millones de toneladas de gas carbónico en 1990, mientras que un país como Brasil arrojó, durante ese mismo lapso, 610 millones de toneladas.

Vincular estas informaciones con la observación de los comportamientos adoptados por las diferentes organizaciones gubernamentales durante la Eco-92 nos ayudará a comprender la evaluación efectuada por las ONGS sobre los países presentes en la Convención.

La posición de los Estados Unidos en relación con el *Tratado de Biodiversidad* fue de rechazo por no estar de acuerdo con la definición de propiedad intelectual de los productos derivados de investigaciones llevadas a cabo con seres vivos del planeta, ni con la contribución financiera a tales proyectos que el documento proponía. A lo largo de la Convención, países como Japón, Francia y Gran Bretaña (entre otros países de la Comunidad Europea) mostraron disposición a revisar sus posiciones adversas al Tratado. Los Estados Unidos tienen en la actualidad la mayor industria biotecnológica del mundo y el mayor Producto Interno Bruto (PIB).

En estas condiciones, la no-adhesión de los Estados Unidos al tratado hace menos probable la adhesión de otros países.

En la discusión acerca de la financiación de los proyectos ambientales definidos en la *Agenda 21*, los países pobres (el Grupo de los 77) reclamaban un mayor empeño de los países ricos en ofrecer disponibilidad de fondos. Reclamaban que se destinara un 0,75% del PIB de cada país, hasta el año 2000, a proyectos ambientales, así como un incremento en su poder de decisión en el Global Environmental Facility (GEF, fondo global para el medio ambiente), órgano del BIRD (Banco Mundial). Los países nórdicos, por su parte, se alinearon el día 8 de junio con el Grupo de los 77, y Rusia se opuso a la obligación de una contribución del 0,7% del PIB y declaró a través de su Ministro de Ecología y Recursos Naturales, Viktor Danilov Danilian, su necesidad de ayuda occidental para superar el desgaste ecológico causado por la *más antiecológica estructura económica que haya podido inventarse.*

Asimismo, cuatro de las ONGS más importantes Greenpeace, Third World Network, World Wild Fund for Nature y Friends of the Earth difirieron radicalmente de pareceres con el Banco Mundial, organismo que patrocina los principales proyectos ecológicos internacionales por medio del GEF. Desaprobaron totalmente la posición del Banco Mundial según la cual el desarrollo sostenible *requiere políticas abiertas para estimular el comercio y la inversión externa*. Las principales ONGS también criticaron la posición de los países del norte (accionistas del BIRD) por el hecho de que se rehusaron a aceptar la aprobación, por parte de la Eco-92, de una entidad independiente de financiación, y previeron que a través del BIRD tan sólo se financiarían proyectos del interés de los países del hemisferio norte.

Durante la Eco-92 llegó a comentarse que la división del mundo en dos (Mundo Oriental y Mundo Occidental), provocada por las formas radicalmente distintas de organización política adoptadas por cada uno, perdería sentido con la caída del Muro de Berlín y una escisión tanto o más fuerte que la anterior se acentuaría.

¿A qué otra conclusión puede llegarse a través de la observación del alineamiento de fuerzas que se presentó en este escenario internacional de negociaciones sobre las cuestiones ambientales que fue la Eco-92? Por una parte, el grupo de los siete países ricos; por otra parte, el grupo de los países pobres; por encima de la línea del ecuador, los países ricos, poseedores de la biotecnología; por debajo de la línea del ecuador, los países pobres en cuyas selvas se concentra la biodiversidad, guardando en sus distintas especies el germen de aquello que la ciencia podrá descubrir en lo referente a medicinas, alimentos y bienestar, y que la industria podrá transformar en productos para los 5.300 millones de habitantes de nuestro planeta hoy, cifra que se prevé que llegará a los 10.000 millones dentro de pocas décadas.

Las posibilidades de descubrimientos latentes en la biodiversidad fascinan a los científicos. Los dividendos latentes en los productos con posibilidades de llegar a ser fabricados fascinan a los industriales. Los países industrializados (Norte) cobran *royalties* (derechos) por su tecnología y pretenden tener libre acceso a la biodiversidad, que se encuentra concentrada principalmente en los territorios de los países pobres (Sur). Éstos alegan los altos costos de preservación de la selva y reclaman transferencia de tecnologías a precios módicos.

Lo único en lo que están de acuerdo ricos y pobres es en que hay que preservar la biodiversidad. Es preciso que una biotecnología y una biodiversidad ubicadas en distintos hemisferios norte y sur se negocien de manera equilibrada. Los desequilibrios en esas negociaciones como el libre acceso de los países ricos a la biodiversidad de los países pobres, que se ven obligados a pagar cuantiosas sumas de *royalties* por la transferencia de tecnologías se reflejan nítidamente en el medio ambiente actual.

Una caricatura publicada en un periódico brasileño el 4 de marzo de 1989 registra, con preciosa inspiración humorística, esta lamentable situación. Haciendo clara referencia a ciertos análisis internacionales que por aquel entonces acusaban al Brasil de devastar las selvas, dos cuadritos mostraban lo siguiente: a) al entonces Presidente de la República, José Sarney, participando en una reunión internacional de premiación de los países considerados los más contaminadores del planeta, b) el presidente, en su discurso, sosteniendo el trofeo y agradeciendo a los demás países presentes, *sin cuya colaboración este premio jamás habría sido nuestro.*

La Eco-92 fue también, además de todo, un gran evento para los medios masivos de comunicación y un rimbombante espectáculo televisivo. Gracias a ello, un número cada vez mayor de personas tiene acceso a informaciones sobre el estado del planeta y sobre sus problemas ambientales. En medio del choque y la contienda de las distintas pretensiones se subrayó la necesidad de respetar un medio ambiente que se degrada, siendo este respeto un importante valor que debe cultivarse y preservarse.

Ante los hechos anteriores, nuestras preguntas centrales se plantean ahora así:

- ¿Quiénes son los más significativos agentes depredadores del medio ambiente, por la extensión y diversidad de los estragos producidos?

- ¿Qué comportamientos y/o acciones es preciso desarrollar, y por parte de quién, por cuáles agentes sociales, para revertir esta situación?

En medio de los trabajos de la Eco-92, los intereses divergentes de los países participantes se confrontaron e inclusive chocaron en muchas ocasiones con el interés del ciudadano común y corriente con respecto a las cuestiones ambientales que constituían el objeto de la reunión. Problemas tales como el crecimiento demográfico desordenado, los movimientos migratorios y la crisis social estuvieron presentes a todo lo largo de las conversaciones y negociaciones sobre los desequilibrios ambientales; el desarrollo sostenible y la calidad de vida fueron las metas que contaron con prioridad dentro de los planes y acuerdos firmados.

Una vez que están enfocadas a través de este prisma, las cuestiones ecológicas exigen: por una parte, ser analizadas, necesariamente, por las Ciencias Humanas, que son las ciencias capaces de aproximarnos a la comprensión específica de este aspecto tan importante como descuidado en la actualidad; por otra, la formación de una conciencia ambiental, labor que ha de ser llevada a cabo por la educación, a través de profesores que sean portadores de esta conciencia y, por lo tanto, portadores, en mayor o menor medida, de los conocimientos correspondientes a y consecuentes con una aproximación sociopolítica a la cuestión.

¿Dónde fomentar la articulación de estos dos aspectos: la comprensión de las cuestiones ambientales en su calidad de cuestiones sociopolíticas por intermedio del análisis de las Ciencias Sociales y la formación de una conciencia ambiental?

La escuela es, sin lugar dudas, el lugar ideal para fomentar ese proceso. Las disciplinas escolares son los recursos didácticos a través de los cuales se ponen al alcance del alumno los conocimientos científicos de los que ya dispone la sociedad. Los salones de clases son el espacio ideal de trabajo con los conocimientos y donde se generan experiencias y vivencias formadoras de conciencias más vigorosas por estar alimentadas en el saber.

Las disciplinas que con mayor frecuencia han incluido en sus programas las cuestiones ambientales son las Ciencias (Ciencias Naturales) y la Geografía Física. Hasta ahora son raras las incursiones en el asunto realizadas por las disciplinas que trabajan con el saber producido por las Ciencias Humanas, entre éstas los Estudios Sociales, la Historia, la Geografía Humana, la Sociología, y la Educación Moral y Cívica (esta última, actualmente desterrada del currículo escolar).

Al reflexionar en su interior acerca del tratamiento que ha sido dado por la sociedad a estos problemas, la escuela privilegia la aproximación de las Ciencias Naturales y, cuando se ocupa de los aspectos sociales de la cuestión, lo hace con mayor frecuencia por vía de las disciplinas de Estudios Sociales y Educación Moral y Cívica, volcándose hacia la formación de actitudes preservadoras que se convierten en un código de conducta y se despreocupan de la formación de la conciencia ambiental misma, soporte indispensable para la incorporación de conductas que sean algo más que adhesiones momentáneas o simples modas.

Más infrecuentes todavía son las aproximaciones interdisciplinarias a una cuestión cuya comprensión, como ya vimos, no se agota simplemente desde el punto de vista de una u otra de las ciencias aquí consideradas.

La Eco-92 fue un escenario donde se hicieron explícitas las relaciones entre países, y entre organizaciones gubernamentales y civiles.

La capacidad política de actuación de las organizaciones civiles (no-gubernamentales) mostró la importancia del ejercicio consciente de la ciudadanía a través de la participación junto a los órganos decisorios (gubernamentales) para tratar de tomar en consideración los intereses de la población a la que le concierne el problema. Las organizaciones no-gubernamentales indicaron también la necesidad de ampliar esta participación civil consciente, si queremos que los intereses vitales de la humanidad prevalezcan, sometiendo a ellos los intereses empresariales inmediatistas y expoliadores que hoy tienen prioridad.

De modo que fomentar, a través de la escuela, la comprensión sociopolítica de las cuestiones ambientales y promover la formación de la conciencia ambiental son las metas con las cuales pretendemos colaborar.

Por esta razón:

- desarrollamos el análisis de la cuestión en una perspectiva socio-política,

- estudiamos conceptos cuya claridad se considera fundamental para la comprensión de nuestra relación con el medio ambiente,

- presentamos una metodología de trabajo para el tema, en una situación escolar.

Nuestra esperanza es colaborar con el trabajo de construcción de las conciencias realizado por los profesores: los de hoy y los del futuro.

Capítulo 2

Medio ambiente:
ciudadanía versus empresa

En las sociedades industrializadas contemporáneas, el proceso de producción se organiza en empresas.

Las empresas son unidades productoras, como las fábricas, por ejemplo, o prestadoras de servicios, como los bancos, los hoteles, los hospitales, las empresas de acueducto y alcantarillado, los supermercados, etc. En ellas, la organización del trabajo se lleva a cabo tomando como base los principios de la racionalización. De acuerdo con estos principios, todos los elementos que componen el proceso de trabajo (los gastos desarrollados en él por el ser humano que lo desempeña, el tiempo utilizado en cada uno de ellos, las etapas en las que se divide el proceso, etc.) se estudian y planifican cuidadosamente.

Esta forma de organización de la producción tuvo su inicio en la Revolución Industrial y se expandió hasta consolidarse en los países que hoy se conocen como los países ricos de Europa y Norteamérica. Una vez concluida la Segunda Guerra Mundial, los países industrializados extendieron su forma de organización empresarial con rumbo a los países pobres del planeta, presentándola como un ejemplo de organización que debía seguirse para vencer los problemas de la pobreza, del atraso y del subdesarrollo.

En sociedades como la nuestra, cuya vida económica está orientada según el sistema capitalista de producción, toda esta forma de organización empresarial se propone alcanzar la mayor producción posible con los menores gastos, para la obtención del mayor lucro inmediato.

En la posguerra, gracias a una teoría desarrollista, se le atribuyó a esta forma de organización del trabajo la solución de los problemas económicos que más afligían a los países latinoamericanos. Fue un momento de euforia en el que no se previeron ni consideraron los inconvenientes de este modo de producción. Fueron necesarios algunos años de convivencia de estos países con la industrialización para que sus sociedades se dieran cuenta de los aspectos problemáticos que se derivaban de esta forma de producción, los que, de no atenderse, darían como resultado problemas de la misma gravedad que los económicos y sociales que se pretendía resolver. Uno de ellos es el que se refiere a los residuos y desechos industriales, que hay que poner o depositar en alguna parte, y a los gases tóxicos expelidos por las fábricas a través de sus chimeneas y producidos como consecuencia de determinados procesos de producción. Esto sin mencionar los mismos objetos producidos, muchos de ellos con características contaminadoras, como es el caso de los automóviles cuando los mueve energía producida a partir de los derivados del petróleo, lo que causa que se arrojen gases nocivos al medio ambiente, así como algunos tipos de *sprays*, o atomizadores, que son colocados en el mercado principalmente por la industria de los cosméticos, tales como algunas lacas fijadoras del cabello, desodorantes, etc., que son agentes contaminadores de la atmósfera.

Todos esos problemas pueden solucionarse cuando se estudian y enfocan racionalmente, aplicándoles también a ellos los principios racionales que orientan la organización empresarial del trabajo. Sin embargo, las medidas que es preciso tomar para resolver tales problemas cuestan dinero, lo que eleva el costo de producción de los productos. Tales gastos chocan con el objetivo más importante y la razón de ser de toda empresa capitalista: la obtención del mayor lucro inmediato posible.

Esta forma de organización del trabajo que se da en las sociedades industriales capitalistas, trasciende el ambiente empresarial y llega incluso a constituirse en un eje de organización de la vida misma de las personas, de tal manera que todos nosotros, participantes de este sistema de producción, ansiamos en cierta forma nuestros *lucros inmediatos*, sin prestar mucha atención a las consecuencias de tal actitud. Por ejemplo, ¿qué usuaria de laca para el cabello en *spray* dejaría de utilizarla al saber que contamina la atmósfera o seguiría frecuentando determinado salón de belleza si su propietario se negara a utilizar tales lacas por razones ambientales? Y a fin de cuentas, ¿cuál sería el resultado concreto a favor del medio ambiente de acciones dispersas e individuales como ésta de una que otra usuaria de lacas o de uno que otro profesional aislado?

La respuesta a estas preguntas tiende a conducir a posiciones fatalistas y cómodas que indican que no es posible hacer nada en este campo, pues no tenemos *poder* alguno para terminar con el uso de tales contaminantes por la población. Ante esto, el problema parece dejar de ser *nuestro* (de la población) para serlo de otros (políticos, empresarios, productores y distribuidores), y así, mientras éstos nada hacen, sigo usando *mi* laca y obteniendo *mi lucro inmediato.*

Esta manera de enfrentar los problemas situándolos entre *nosotros* y *los otros*, o entre *yo* y *ellos*, es muy común entre nosotros los latinoamericanos y tiene una razón histórica que la explica y que se agrava o se atenúa dependiendo del país del que se trate: tenemos una experiencia histórica de tres siglos de colonialismo, seguida de dos de supuesta vida republicana, intoxicada de neocolonialismo disimulado y autoritarismo oligárquico. Así pues, nuestra manera de encarar los problemas es fruto de una sociedad autoritaria. En éstas, el poder de tomar decisiones se limita a un pequeño grupo (políticos, empresarios, latifundistas), mientras que al resto de la sociedad le corresponde simplemente obedecer.

Los modelos políticos autoritarios *irresponsabilizan* a los agentes sociales comunes, en lo que se refiere a la toma de decisiones (*qué podemos hacer, eso no nos compete*), al mismo tiempo que nos priva de toda experiencia en este sentido, hasta el punto de que ignoramos que toda y cualquier decisión que se tome implica asumir riesgos. Así, al escoger determinado camino para llegar a un punto deseado, sea mi trabajo, un hospital o un almacén, decido asumir los inconvenientes que puedan derivarse de él, por considerar que sus conveniencias resultan adecuadas para mi objetivo. Quiero llegar pronto para resolver un problema urgente, por lo cual afronto las dificultades de este camino (los peligros de un suelo muy desigual, por ejemplo, o la falta de seguridad, debida a su aislamiento), ya que es más corto y más rápido. Si escogiera el camino bueno y seguro, aunque más largo, me evitaría los peligros del suelo difícil y de la poca seguridad; sin embargo, correría el riesgo de que, al llegar, el problema que tengo que resolver se haya complicado de tal manera que su solución se dificulte muchísimo.

La inexperiencia y la irresponsabilidad en relación con las decisiones crean:

a.   la creencia ingenua de que existen decisiones ideales, decisiones por cuyos beneficios no hay que asumir riesgos,

b.   la dicotomización de la situación, que se concreta en el *nosotros* (las personas comunes y corrientes) y el *ellos* (los detentadores del poder),

c.   el fatalismo que nos conduce a creer que *nosotros* nada podemos en relación con las cuestiones de nuestro mundo y de nuestra vida, dejando su solución exclusivamente en manos de *ellos* (los detentadores del poder),

d.   la actitud cómoda que asumimos en vista de nuestra supuesta *impotencia*, según la cual no hay para qué modificar nuestros comportamientos de costumbre.

De esta manera no nos comprometemos con las decisiones tomadas, no nos damos cuenta de que convivimos con ellas y de que pactamos con ellas en la medida en que no hacemos nada para modificar el rumbo de las cosas. Y así, por un camino tortuoso, resultamos contradictoriamente comprometidos con las decisiones que no hemos tomado, que criticamos, que son *de los demás*, que son *de ellos* y que son *nuestras* también.

Es importante y necesario desenmarañar esta contradicción para podernos situar dentro de este juego de fuerzas, de tal modo que actuemos a nuestro favor y no apoyando decisiones que no nos gustan, que nunca tomamos y que nos perjudican.

Enfrentar esta contradicción requiere la construcción y el ejercicio, de una manera plena, de nuestra ciudadanía.

La ciudadanía hace referencia a un Estado de Derecho que toma cuerpo en las sociedades en las que la organización política (el poder de tomar decisiones y de administrar la vida pública) está orientada por principios democráticos. De acuerdo con tales principios, la población como un todo, comprendidos sus más diversos segmentos, tiene el derecho a participar en la toma de decisiones y en la administración de la vida pública, ya sea indirectamente, por intermedio de representantes escogidos por ella misma, ya sea directamente, a través de formas organizadas de participación colectiva en estas tareas. En el caso de las sociedades democráticas contemporáneas, tales derechos y deberes se encuentran expresados y registrados en la Constitución que rige la vida de dichas sociedades y que ha sido elaborada por los representantes de los agentes sociales, elegidos por éstos mediante voto directo para atender las necesidades manifestadas por aquellos a quienes representan.

Por lo tanto, la ciudadanía se refiere al ejercicio, a la vivencia de los *derechos y deberes del ciudadano*, expresados en la Constitución de cada país.

El examen más somero de estos derechos y deberes constitucionales revela que hacen referencia a *bienes* necesarios y deseados por el ser humano:

a.   aquellos que no son producidos por ningún proceso empresarial, como el derecho a la vida, a la libertad (de asociación, de expresión del pensamiento, de creencia, de desplazamiento), a la justicia, aparte de ciertos bienes producidos por el proceso empresarial sobre los cuales tenemos el derecho de propiedad,

b.   aquellos cuya obtención implica *deberes* de participación del ser humano como condición necesaria para la existencia misma de tales bienes y para garantizar el acceso a tales bienes por contingentes poblacionales cada vez más amplios, como el deber de preservar la calidad del aire, del agua, de los ambientes, de los alimentos consumidos por el hombre para su supervivencia, el deber de retribuir el trabajo con un salario que esté a la altura de las necesidades básicas del ser humano, el deber de pagar los impuestos, etc.

Si observamos las Constituciones de un país a lo largo del tiempo, constataremos que los derechos y deberes no han sido siempre los mismos. Esa transformación revela que ellos son construidos históricamente. En otras palabras, diferentes condiciones históricas generan diferentes necesidades humanas. Como la cultura es un proceso, nuevos elementos culturales (trátese de una nueva manera de producción, de una nueva creencia o de una nueva forma de administración) crean nuevas necesidades que, para que haya garantía de que serán satisfechas, deben transformarse en derechos del ciudadano.

Un ejemplo sumamente actual es el de la ingeniería genética. Esta rama de la Ciencia Biológica ha adquirido, gracias a los trabajos de los científicos que investigan en esa área, la habilidad de manipular y de interferir en el material genético de los organismos vivientes. Este material genético[1] está constituido por el ácido desoxirribonucleico, químicamente similar en todos los seres vivos. Esta semejanza permite que un gen[2] humano sea transferido a un microorganismo como una bacteria, y también, teóricamente, tal transferencia es posible en sentido inverso, es decir, de otro organismo al ser humano. Por eso hoy, más que nunca, la diversidad de las especies existentes sobre el planeta es preciosa, frente a la posibilidad abierta por la Ingeniería Genética. Es en las selvas de los países del Tercer Mundo donde se concentra la biodiversidad. No obstante, quienes poseen la tecnología que permite la exploración de la biodiversidad se localizan en los países del hemisferio norte. Este hecho ilustra cómo la historia de la humanidad va generando situaciones nuevas, que le crean al hombre las necesidades de ordenar de alguna manera sus comportamientos ante las nuevas realidades que surgen.

La dimensión de las posibles consecuencias de esta interferencia deliberada del hombre en el material genético de las diversas especies no es aún previsible en todo su alcance. Las líneas divisorias entre las posibilidades que podrían resultar problemáticas (pues está en juego la naturaleza misma de las especies) y las posibilidades positivas (mejoría de los linajes de los animales que sirven de alimento al hombre, la creación de razas nuevas) que pueden ser consecuencias de la posibilidad misma de modificar las especies, son muy tenues. Esta situación les plantea a las sociedades actuales algunos dilemas. Por ejemplo: la diversidad de las especies animales y vegetales que existen en las selvas de los países pobres no ha beneficiado hasta ahora a sus países de origen con las ganancias provenientes de los productos originados de la transformación de esta materia prima por las tecnologías de los países avanzados. De esta forma, los países del Tercer Mundo se encuentran en la siguiente situación: son poseedores de la riqueza genética que da origen a bienes de gran importancia para la humanidad, pero no están en condiciones

---

1. Responsable por la determinación de las capacidades de cada especie.

2. Unidad genética responsable por las diferencias de determinada característica de una especie dada.

de servirse de tales bienes, debido a los altos precios con que éstos son puestos en el mercado.

La utilización de la ingeniería genética en los procesos desarrollados por las industrias química y farmacéutica, ligados a producción de alimentos y medicinas, ha venido poniendo en evidencia los beneficios que esta tecnología puede aportarle a la humanidad en términos de cantidad y calidad. Por eso mismo, tal tecnología se convierte en blanco de grandes intereses económicos del sector industrial, más comprometido con el lucro inmediato que con los intereses del ser humano.

Posibilidades tan controvertidas les plantean a las sociedades actuales nuevos problemas de derechos y deberes.

Los países ricos que poseen la biotecnología (procesos de producción a partir de seres vivos) cobran precios muy altos por transferirles sus *recetas* a otros países, arguyendo que estas pertenecen a las industrias que tienen patentes[3] sobre ellas, y por ello sólo las transfieren tras el pago de *royalties* (derechos).

Enfrentados a esta situación, los países que poseen los recursos genéticos (biodiversidad) comienzan a pensar en formas de obtener ganancias por la posesión de tales recursos, que lleguen a hacerles posible obtener los productos con ellos producidos. Comienzan a pensar en reemplazar el libre acceso de otros países a su diversidad biológica mediante la creación de patentes sobre ella. Éste es un problema que no hace referencia solamente a los intereses de los científicos y los industriales, sino a los de toda la población, toda vez que allí están en juego necesidades humanas vitales. Supongamos que determinado país logre producir, mediante la biotecnología, una vacuna contra el sida El patentar el producto impide que otros países desarrollen sus investigaciones en esta área para producir otras vacuna semejantes, y la humanidad queda pendiente de los precios que este país productor determine. Patentar el proceso (receta, modo de elaboración) deja abierta la posibilidad de que otros países investiguen y creen un producto equivalente, lo que de alguna manera podrá limitar

---

3.   Patente : derecho garantizado por ley, de obtener ganancias económicas sobre un invento, trátese de un *proceso* de producción de alguna cosa, o bien, de un producto creado. Este derecho se originó después de la Revolución Industrial como recompensa y estímulo a los inventores.

el precio y aun mejorar la calidad. En cualquiera de estos dos casos, no obstante, los dueños de los productos y quienes determinen los precios serán los países desarrollados, actuales poseedores de la tecnología. Y podrá llegar a suceder que los mismos países abastecedores de la materia prima biogenética no estén en condiciones de pagar el precio del remedio que contribuyeron a producir.

Esta situación ha llevado a los países poseedores del patrimonio biogenético a discutir entre ellos la creación de patentes que permitan cobrar por el acceso a sus riquezas.

Ciertas cuestiones importantes, principalmente de naturaleza ética, se desprenden de estas discusiones.

Patentar la riqueza biológica es lo mismo que patentar la vida. ¿Quién tendría derecho a usufructuar beneficios sobre la vida de algún organismo? ¿Qué conferiría tal derecho? Al fin y al cabo, la vida no es invento de nadie, para resultar siendo propiedad de alguien que usufructúe ganancia económica y el poder de modificarla de tal manera que influya sobre la vida de todos. Además de esto, la vida se manifiesta en diferentes formas, desde los microorganismos hasta los seres humanos. Recordemos que ya ha habido momentos en la historia en que unos seres humanos han ostentado la propiedad de otros seres humanos, legitimada por la ley, como, por ejemplo, a través de la esclavitud o de la condición de prisioneros de guerra. Por consiguiente, esta nueva situación creada por el avance de la Ciencia en este momento actual de nuestra Historia genera necesidades que no refieren tan solo a los científicos o a las empresas industriales que utilizan estos descubrimientos, sino que atañen a toda la humanidad, en el sentido de que, aparte de involucrar sus intereses de su supervivencia (salud y alimentación), aluden a derechos tales como a la vida y a la libertad, valores supremos de la especie humana.

Nos encontramos, entonces, ante una situación nueva que requiere la creación de nuevos derechos y deberes. ¿Quién habrá de crearlos? *¿Ellos*, los científicos, los empresarios y los representantes elegidos por nosotros? Pero, si nuestros representantes son también empresarios, ¿Serán capaces de examinar las cuestiones en discusión desde nuestro punto de vista, que es diferente del de los empresarios? ¿Cómo resolver esto? El camino que se vislumbra es la participación de todos los interesados e involucrados, de una manera organizada. Y de esta manera el modelo de *democracia representativa* cede el paso al modelo *democracia participativa*. Es ésta la situación que hoy enfrentamos para la construcción de una democracia de hecho. La democracia representativa no da cuenta de las múltiples cuestiones planteadas por la actualidad, en lo que respecta a la salud, la alimentación, la educación, la vivienda, la soberanía de los pueblos, etc. Y lo que tenemos que emprender es la construcción de la democracia participativa basada en valores que trascienden con mucho los meros lucros económicos y que se refieren ante todo a los bienes esenciales de la especie humana, como vida, libertad y dignidad de los pueblos. Se aprende a construir tal organización a lo largo de la misma práctica histórica de participación, la cual debe incluir diversos *locales sociales* ya existentes, entre los cuales figura la escuela, en la cual es posible desarrollar, a través de estudios, investigaciones y reflexiones, nuestros conocimientos, nuestra comprensión y nuestra conciencia sobre el tema.

Las acciones colectivas organizadas que buscan el logro de las metas deseadas, reúnen las fuerzas sociales y las canalizan en las direcciones en las que se pretende ir, para hacerles explícitos a nuestros representantes los intereses que *les corresponde representar* y que no necesariamente coinciden con los suyos personales, haciendo transparente la naturaleza de los intereses públicos.

Capítulo 3

En pos de un desarrollo sostenible

¿Cómo enfrentar el desafío planteado por la industrialización, con sus consecuencias simultáneamente productivas y depredadoras?

¿Cómo resolver esta aparente contradicción? Los países europeos y de Norteamérica, donde se dio la industrialización, conocieron una productividad sin precedentes que les granjeó el reconocimiento mundial de *países desarrollados*. Por tal motivo, los países pobres, cuya estructura económica era de base agraria, comenzaron a ver en el proceso industrial la causa de tal desarrollo.

Así, fomentar la industrialización a cualquier precio se convirtió en la meta de los países pobres.

Viviendo en condiciones históricas diferentes a las de los países desarrollados, los países pobres participaron en este proceso de un modo diferente. Desprovistos de la tecnología y del *know-how*, es decir, de las recetas para producir industrialmente, disponían de abundancia de mano de obra y de materia prima.

Puesto que la industrialización es un proceso abarcante que no se satisface ni se agota dentro de un solo país, a los países desarrollados les interesaba ensanchar el mercado productor y consumidor, expandiendo así su exitosa experiencia económica.

En estas condiciones, los países pobres con economía de base agraria se constituyeron en el campo ideal para la exportación de tecnología y para la expansión de las industrias de los países desarrollados, las que entonces se ramifican en empresas multinacionales, gracias a lo cual sus unidades industriales cubren el mundo. Como consecuencia de los bajos salarios ofrecidos a una mano de obra famélica y no calificada, de los empréstitos que los países pobres deben realizar en el exterior para importar tecnología, de las deudas externas, de las grandes remesas de ganancias de las multinacionales hacia el exterior, la industrialización de los países pobres muestra resultados muy diferentes a los que se habían observado hasta entonces en los países desarrollados.

Esta expansión industrial a escala mundial, efectuada sin tomar las debidas precauciones legales referentes a los posibles efectos nocivos de orden natural y social, precipitó la manifestación del lado nefasto de este proceso, poniéndolo en evidencia.

Sin embargo, si hoy se destacan notoriamente los efectos perjudiciales al medio ambiente, tales como la contaminación de las aguas y del aire, y la destrucción de la capa de ozono, no puede afirmarse lo mismo de los nocivos efectos sociales de esta forma de industrialización, muchos de los cuales potencian y refuerzan la depredación natural.

Los problemas imperativos de la supervivencia inmediata, tales como la alimentación, la vivienda y el transporte, cuya solución es inaplazable por cuanto tienen que ver directamente con la preservación misma de la vida, quedan entregadas a las iniciativas individuales, en un verdadero *sálvese-quien-pueda*.

Una población de trabajadores depauperados y mal remunerados, permanentemente amenazados por el desempleo, en medio de una economía explotadora en la que la oferta de mano de obra supera la capacidad de absorción del mercado laboral, consume su energía en una jornada de trabajo extenuante e indigna. Alrededor de ésta, otra franja de población, alejada de un mundo productivo en el que no encuentra una ubicación, engruesa las filas de los marginados.

Desprovistas las dos de garantías sociales como un servicio de educación de calidad, que propicie la conciencia de los derechos y deberes del ciudadano y el desarrollo de la conciencia cívica, que toma en consideración la presencia del *otro* en cada actitud individual, estas poblaciones empobrecidas y marginadas engruesan en las escuelas las filas de los repitentes y los evasores. Por otra parte, la enseñanza impartida en las instituciones escolares existentes, ajena a la realidad en la que se sitúan y de la cual provienen sus destinatarios, contribuye a cerrar el *círculo vicioso del horror*. El derecho a la educación, en su calidad de garantía social, permanece como letra muerta, que existe tan sólo en el papel. En la vida real la ignorancia se alimenta, retardando el desarrollo de la conciencia crítica constructiva, al cual el sistema educativo podría y debe contribuir.

A los efectos sociales negativos de este modelo de producción industrial, es decir, a la pobreza, a la miseria y a la ignorancia, se suman los efectos nocivos a la naturaleza, alimentándose ambos mutuamente.

De manera tan alarmante se han venido manifestando estos resultados que en 1972 se organizó la Primera Conferencia de las Naciones Unidas sobre Medio Ambiente, realizada en Estocolmo, cuya segunda versión conocimos en la Eco-92, que tuvo lugar en la ciudad de Río de Janeiro.

En aquella ocasión, 1972, se utilizó por primera vez la expresión *desarrollo sostenible*, presentada como recurso para enfrentar la difícil situación experimentada por el mundo industrializado, y su uso se ha consolidado en la actualidad, luego del evento Eco-92, mostrándose como el argumento fuerte para enfrentar hoy en día la paradoja *desarrollo/destrucción* planteada por el proceso industrial, tal como lo conocemos en estos días. Negar este proceso significaría ignorar la capacidad productiva por él generada, así como todos los avances que la tecnología moderna le ha permitido conocer al mundo y que se han traducido en auxilios y recursos para la vida cotidiana en los sectores más diversos: en la salud, en la vida hogareña, en los medios de transporte, en las comunicaciones, etc. Pero aceptar ciegamente el proceso industrial tal como se presenta hoy por hoy significaría dar rienda suelta a la destrucción ambiental (natural y social) que ha venido provocando y que terminaría por aniquilar las condiciones de existencia de la industrialización misma.

La propuesta consiste hoy en enfrentar esa situación a través de un desarrollo sostenible. Pero ¿qué es exactamente *desarrollo sostenible*? ¿De qué se trata?

Según el *Informe de la Comisión Mundial sobre Medio Ambiente y Desarrollo*, desarrollo sostenible es aquel que *atiende las necesidades de la generación actual sin poner en peligro la capacidad de las generaciones futuras para atender sus propias necesidades.*

Siendo en apariencia transparente su significado, tal concepto en verdad apenas aclara el sentido de la palabra *sostenible*, entendida como *atención a las necesidades humanas sin agotamiento de las fuentes de satisfacción de esas necesidades*, de tal manera que las generaciones que están por venir puedan disponer de los mismos recursos de los que nos servimos nosotros. En otras palabras, se trata de no agotar los recursos del mundo; se trata de cuidar de que las próximas y futuras generaciones hereden la Tierra como una hábitat hospitalario y no insalubre.

Pero ¿qué decir acerca del desarrollo? ¿Qué se entiende por esta expresión? ¿Qué noción es ésta? Para muchos un sinónimo de progreso, se ha traducido como la cantidad de riqueza producida por un país. Tal vez satisfactoria para las ambiciones político-económicas de la era mercantilista del siglo XVII, cuando el hecho de que un Estado fuese poderoso ante otros Estados tenía precedencia sobre los intereses de los individuos, tal traducción ya no corresponde a las expectativas del mundo en los albores del siglo XXI. Hoy asistimos a una vasta discusión con respecto al Estado y a sus funciones. Sirva como ejemplo de lo que trataremos de demostrar, la paradójica situación que se ha experimentado recientemente en el Brasil. En los años 80, la economía brasileña llegó a ser considerada la octava del mundo, al mismo tiempo que su sociedad se empobrecía más cada día, alcanzando niveles de miseria alarmantes y sin precedentes en su historia. ¿Qué significa eso? ¿Cómo se elabora tal clasificación de las economías? ¿Qué revela este contraste? Significa, en primer lugar, que una economía productiva puede hacer fuerte a un Estado frente a otros Estados, sin que esto garantice para nada la salud, la prosperidad, la libertad, la calidad de vida, en fin, de los individuos que componen la sociedad que conforma ese Estado. La historia vivida por el Brasil demostró que la teoría según la cual *es preciso hacer crecer el pastel de la economía*, que orientó el fenómeno del, así llamado, *milagro brasileño*, no garantiza la justa repartición del pastel entre la población que lo produjo. Ante la *teoría del pastel* es justo y necesario preguntar: ¿para quién se produce el pastel? ¿quién habrá de disfrutarlo?

El octavo lugar alcanzado por la economía brasileña en la década de los 80, que pasó a ser el undécimo a finales de la misma, se obtuvo dentro de una clasificación llamada *lista de las mayores economías del mundo*, la cual se elabora a partir de la comparación de un dato absoluto, el PNB (Producto Nacional Bruto) total de cada país. No se toma en cuenta el tamaño de la población del país, ni la manera como se reparten entre los individuos los bienes producidos. Por esto, esa lista presenta una idea falsa de la calidad de vida de los habitantes del país, aparte de que clasifica a países de población bastante pobre, lado a lado, con países prósperos, cuya población goza de un alto nivel de vida.

Considerando los problemas de este sistema de medida y clasificación, el Banco Mundial adoptó, en el Informe sobre el Desarrollo Mundial, el criterio del PNB per cápita. Con este criterio, el Brasil ocupó, en 1992, el 37° lugar entre 125 países del mundo. Como allí no se vive en una sociedad igualitaria donde se garantice la participación de los bienes producidos en igual proporción a todos los individuos, este 37° lugar alcanzado es falso, en la medida en que puede suceder que ningún ciudadano esté participando realmente del PNB en la proporción correspondiente al PNB per cápita. Habrá sujetos a quienes les tocará una proporción mucho mayor al PNB promedio, mientras que a la inmensa mayoría le corresponderá una proporción muy inferior. Habrá personas en esta sociedad cuyo nivel económico de vida es comparable al de personas de un país que haya ocupado un 10° o un 5° lugar en esta misma clasificación, mientras que otras tendrán un nivel económico de vida equivalente al de personas de un país que haya ocupado el último lugar en esta clasificación, o aun de países que se encuentran descalificados. Es conveniente recordar que entre los poseedores de las más grandes fortunas del mundo se ranquean algunos brasileños.

Como una tentativa de corregir estas falacias se creó el IDH (Índice de Desarrollo Humano), anunciado por primera vez en el Informe del Desarrollo Humano de las Naciones Unidas en 1990. Éste se basa en la definición del desarrollo como *un proceso de ampliación del panorama de oportunidades ofrecidas a la población de un país*. En esta nueva forma de entender el *desarrollo*, los recursos económicos de que dispone el individuo son un factor de acceso a las oportunidades, al que, no obstante, se suman: la salud, la longevidad (que amplían el tiempo de acceso a las oportunidades) y la educación, que hace posible el acceso al conocimiento ya producido por la humanidad. Combinando estos tres indicadores a) expectativa de vida al nacer, b) grado de escolaridad y alfabetización de la población, c) nivel de renta per cápita se calculó en 1991 el IDH de 130 países con una población que supera el millón de habitantes. La observación de los datos expuestos en el Cuadro 1 pone en evidencia el modo en que la consideración de ítems que hacen referencia a la calidad de vida de la población, como salud y educación, introduce una gran modificación en lo que se ha llamado el nivel de desarrollo de los países.

Cuadro 1
Comparación de Índices de desarrollo

Países	Expectativa de vida en años	Años de escolaridad	PNB US$	IDH 1991 130 Países	PNB per capita 1992-US$
Brasil	65,6	3,3	46.20	60º	28.60
Costa Rica	74,9	5,6	43.20	40º	19.00
Arabia	64,5	2,7	93.50	69º	70.50

Fuente: FONSECA, Eduardo G.O. Qué es el desenvolvimiento económico

Este cuadro revela claramente lo descabellado que es entender el término *desarrollo* enfocando apenas la dimensión económica. Un país como Arabia Saudita, de altísima renta per cápita, presenta los índices más bajos de escolaridad y de expectativa de vida, mientras que Costa Rica, el país de menor renta per cápita entre los tres considerados, presenta los índices más altos de expectativa de vida y de años de escolaridad. Esto hace destacar la importancia de la escolaridad y del acceso a la educación en la calificación del nivel de vida, pues la ignorancia en el seno de una población crea las condiciones ideales para la explotación laboral y la malversación de un alto PNB puesto al servicio de unos cuantos individuos, en detrimento de la sociedad como un todo. El acceso a las oportunidades incluye el acceso al saber producido y acumulado por la sociedad. Es dentro de este saber donde se encuentran los recursos para la comprensión del funcionamiento de nuestra sociedad y de la lucha por la supervivencia en su calidad de fenómeno social y, por lo tanto, colectivo y no individual, que nos concierne a todos y que, por lo mismo, requiere formas organizadas y colectivas de lidiar con él, completamente diferentes a las soluciones aleatorias y al *sálvese quien pueda*.

Un ejemplo que ilustra con claridad esta afirmación es la *Campaña de la Ciudadanía contra la Miseria y por la Vida*, iniciada en Brasil en 1993, bajo la coordinación de Herbert de Sousa, sociólogo y director del Instituto Brasileño de Investigaciones. Afectado en su sensibilidad por el problema del hambre en ese país, creó un sencillo esquema de organización para la población interesada en ayudar a *matar el hambre del prójimo*, haciéndolo frente a esta terrible contradicción de un mundo con capacidad de abastecimiento para todos y donde se dan a un tiempo supercosechas, miseria, hambre y desnutrición, y comenzando de ese modo a lidiar con esta paradoja a partir de una acción civil, a partir de ciudadanos organizados, a partir de la sociedad misma. Buscando y encontrando apoyo en diferentes sectores institucionalizados de la sociedad (en especial, los medios de comunicación y las organizaciones civiles como escuelas, asociaciones profesionales, etc.), ha conseguido toneladas de alimentos que han venido siendo distribuidas entre la población carente. En una segunda etapa, la campaña ha avanzado en dirección a la creación de empresas, en una acción conjugada con los alcaldes de todo el país. La campaña partió de la ayuda que era necesario brindar (hay seres humanos aguantando hambre, niños muriendo de desnutrición) y se ha ido encaminando hacia la creación de condiciones de autonomía y de ciudadanía a través del trabajo.

Hoy por hoy asistimos a una Revolución Científica y Tecnológica que viene modificando profundamente nuestro hábitat, la Tierra, y nuestra manera de vivir en ella. Según Alvin Toffler (1980), el sistema de creación de riquezas ya no se basa en el trabajo agrario en los campos de la Primera Ola, ni en el trabajo muscular en las fábricas de la Segunda Ola, sino en el conocimiento de la Tercera Ola. Es el conocimiento reemplazando a la tierra, la mano de obra, el capital y otros medios económicos tradicionales.

Tomando a manera de ejemplo a la China, un país que no pertenece al Tercer Mundo, observamos, siguiendo la categorización de Toffler, que las chimeneas de la Segunda Ola (industrias basadas en el modelo de la Revolución Industrial) se multiplican al lado de núcleos de industrias basadas primordialmente en el conocimiento de la Tercera Ola (industrias calcadas del modelo de la Revolución Tecnológica), en un país en el que 600 millones de trabajadores rurales labran la tierra en una existencia de Primera Ola (Revolución Agraria), con lo cual se avizoran élites distintas en ruta de colisión, al pie de disparidades regionales y de clase, capaces también de *estallar*.

En países como Colombia, la convivencia de las tres olas constituye la realidad cotidiana, con la acentuación diaria de las desigualdades sociales y con la creación de verdaderas brechas entre los diferentes segmentos sociales que comparten (los que lo consiguen) los mismos espacios sociales, en el trabajo, en la escuela, a veces incluso en la familia, entre otros, aparte de le exclusión (marginalización), de cualesquiera espacios sociales organizados, institucionalizados, de enormes contingentes poblacionales. Son elementos comunes de nuestros paisajes urbanos de hoy: los menores abandonados, los sin-techo, los miserables, los indigentes pacíficos y agresivos.

Tomando como punto de partida las consideraciones de Toffler, así como las constataciones que podemos hacer de lo que ocurre *a la vuelta de la esquina*, vemos que se anuncian con claridad absoluta *revueltas de ricos* y *revueltas de pobres* si no se agiliza la circulación del conocimiento con la rapidez que necesitamos para *hacer del saber, de la racionalidad y del humanismo instrumentos de supervivencia de nuestra especie, en lugar de la "fuerza bruta" que eclosiona en las revueltas.* El perfeccionamiento de la brutalidad de que somos capaces, y del que son ejemplos las dos guerras mundiales (1914-1918 y 1939-1945), la guerra de Vietnam y la guerra del Golfo, entre otras, ponen en evidencia la contradictoria *fragilidad de esta fuerza bruta, único recurso de las especies irracionales, muchas de las cuales se extinguieron por el uso de esa misma fuerza.* Opción descartable entre los seres humanos, a la que únicamente el saber, el buen sentido y la conciencia crítica de formación sólida pueden hacer frente, la fuerza bruta ha tenido una permanencia indeseable a lo largo de la historia, como lo demuestran las conflagraciones citadas. Es, pues, urgente sacarles provecho a las lecciones que nos da la Historia.

Tres focos de polémica que son consecuencias de los recientes avances científicos, concentran hoy la atención mundial sobre sí, ensanchando los problemas planteados por el proceso de industrialización: la clonación o manipulación de embriones, la aplicación de pruebas genéticas que hacen posible la identificación de características genéticas y el derecho de propiedad intelectual (patentaje) de productos derivados de seres vivos.

El uso industrial o político que podrá hacerse de estos avances científicos apunta hacia un posible recrudecimiento de los problemas ambientales, naturales y sociales ya planteados por un proceso de industrialización que, volcado prioritariamente a la generación de ganancias económicas, pasa por alto cuestiones primordiales referentes a la calidad de vida.

Contra Naturam Casos históricos y evolución de la técnica de control del nacimiento 1780-1993	
1780	El italiano Lazzaro Spallanzani demuestra que el contacto entre el semen y el óvulo es esencial para el desarrollo de un nuevo ser. Spallanzani también realiza las primeras inseminaciones artificiales en pequeños animales y en un cachorro.
1949	Se desarrolla la técnica de congelamiento del semen por glicerol, lo que causa una explosión de inseminación artificial.
1956	Primeros éxitos en la fertilización —unión del óvulo y del espermatozoide fuera del útero—.
1961	Investigadores italianos logran mantener en una probeta, durante 29 días, un embrión fecundado artificialmente.
1970	Divulgación de las primeras experiencias sobre fertilización in vitro.
1978	Nace el primer bebé de probeta, en Inglaterra.
1980	Por vez primera una mujer reconoce haber sido madre de alquiler, al haber prestado su útero para la gestación del hijo de otra mujer.
1983	Una madre de alquiler da a luz una niña microcéfala. Nadie quiere quedarse con la bebé, que es puesta en manos de una institución para niños abandonados.
1986	Nace el primer bebé con el sexo predeterminado.
1987	Por primera vez una abuela da a luz a sus nietos: una sudafricana de 48 años desarrolló en su útero los hijos (trillizos) de su hija de 25 años.
1987 1988	Los ingleses seleccionan el sexo de embriones de tres días en probeta. El objetivo es evitar que nazcan niños con enfermedades hereditarias vinculadas al sexo en familias predispuestas a esos males.
1989	Primeras transferencias de genes a seres humanos. Es el comienzo de las terapias génicas, que pueden curar enfermedades hereditarias.
1989	Francia comienza a debatir el primer Código de Bioética del mundo.
1990	Primera terapia génica en humanos, aplicada a una niña de cuatro años que padecía la "enfermedad de la burbuja plástica", grave inmunodeficiencia hasta entonces incurable.
1992	Se divulgan las primeras pruebas de enfermedades genéticas en embriones de pocos días.
1993	Se multiplican los casos de embarazo artificial en mujeres posmenopáusicas. Científicos ingleses pretenden usar células de fetos muertos para fertilización artificial.

La clonación o manipulación de embriones, por ejemplo, ya hace posible la producción de gemelos idénticos a través de la reproducción programada. Un seguimiento de los casos históricos y de la evolución de la técnica de control de los nacimientos puede darnos una idea de las nuevas situaciones que llegan a vivirse.

En la década de los 70, la justicia del estado norteamericano de Nueva York discutía si un hijo generado por inseminación artificial (fertilización in vitro, fuera del organismo humano, el llamado bebé de probeta) era legítimo o no. Cuestiones de herencias y pensiones motivaron discusiones de esta naturaleza, lo que constituye un anuncio de que es preciso que una nueva legislación jurídica cubra las nuevas situaciones que serán experimentadas por la humanidad.

Además, hay que considerar, con la misma prioridad suscitada por las cuestiones éticas que son consecuencia de esta tecnología, riesgos tales como problemas de salud de los hijos y de las madres en el caso de la multiplicación de plurillizos artificiales resultantes de lo que se ha convenido en denominar reproducción asistida. Más allá de las cuestiones de paternidad legítima y de herencia, las cuestiones de salud, vistas como *colaterales* o *subproductos*, no están separadas de las cuestiones éticas que nos atañen. Pues se refieren directamente a la integridad física de seres humanos ya existentes y a la integridad física y social de los organismos genéticamente modificados. No es difícil imaginar lo que haría un Hitler en el mundo de hoy, en el que existen cerca de tres mil bancos de embriones congelados donde se utilizan células y tejidos celulares humanos en investigación veterinaria. Ya no son raras las clonaciones de embriones de otros animales, y unos pequeños refinamientos de la tecnología permitirán llevarlas a cabo en seres humanos. La posibilidad de producción del *ser humano programado* no es ya tan remota. El *genio* y el *monstruo* están presentes en un escenario que hoy es de riesgos y posibilidades. Y éstas configurarán mañana, o quizá hoy al atardecer, un escenario de certezas. Los *Frankensteins* y los androides dejan el mundo de la ficción y se abren espacio en la realidad. Es urgente aprovechar las lecciones de la Historia, pues Hitler no está aún tan remoto como para que no se encuentren sobre la faz de la Tierra sus descendientes y férreos adeptos. Las recientes oleadas de neonazismo ilustran los hechos y los *skinheads* son un ejemplo de esta realidad en muchos países.

La aplicación de pruebas genéticas ya permite la identificación de los genes responsables de casi seis mil enfermedades genéticas, que abren la posibilidad de ser o tener descendientes afectados. Exceptuando las enfermedades para las que ya existen tratamientos y pueden, por consiguiente, controlarse a partir de esas pruebas, las aplicaciones de éstas generan amplias discusiones. Piénsese en cuál será el comportamiento de las compañías de seguros de salud si fuera posible prever la causa más probable de nuestra muerte o la longevidad de un individuo. En el caso de enfermedades como el síndrome de *X frágil*, que causa deficiencia mental, la polémica tiene que ver con los posibles efectos benéficos y maléficos derivados de la identificación de portadores de genes responsables de él. Entre los benéficos se considera la posibilidad de poder ofrecerles a los portadores del *X frágil* una profusión de servicios de profesores, médicos y terapeutas que les ayuden a superar sus dificultades. Entre los efectos negativos, el estigma y la discriminación de que pueden ser víctimas incluso aquellos portadores cuya disfunción sea mínima, se consideran como un gran peligro, del que ya existen antecedentes. Webb (1994) afirma que una prueba de *X frágil* con resultado positivo ya llevó a una empresa de seguros médicos a retirarle la cobertura de salud a un niño con ese problema. Por tratarse de una enfermedad que no mata, su cobertura significa gastos a largo plazo para las compañías de seguros. En otro caso, también relatado por él, la confirmación del *X frágil* en uno de los cuatro hijos de una familia llevó a una empresa de salud a suspenderles la cobertura a todas las personas de este grupo familiar.

Para el caso del patentaje de seres vivos, veamos un ejemplo. El Brasil, presionado por los Estados Unidos con la amenaza de sanciones comerciales si se negaba a estatuir una ley de patentes, aprobó a través de la Cámara de Diputados el Proyecto de Ley n° 115, conocido como *Ley de Patentes*. Actualmente* este proyecto está siendo examinado y estudiado por el Senado Federal. La versión de la Cámara limita las patentes a microorganismos modificados genéticamente y vinculados a un proceso industrial. Las opiniones respecto a este asunto son divergentes. Para Enni Candotti, físico y ex presidente de la SBPC (Sociedad Brasileña para el Progreso de la Ciencia), si hay que patentar dos veces un mismo microorganismo usado en dos procesos diferentes, entonces el patentaje no incide en realidad sobre el ser vivo sino sobre el proceso industrial, lo que resulta más aceptable. Por su parte, el director de la Empresa Brasileña de Investigación Agropecuaria, Marcio de Miranda Santos, manifiesta

---

*   En 1994. (*N. del E.*)

una posición contraria a patentar cualquier ser vivo y argumenta que en el proyecto de ley las palabras *microorganismo* y *procesos industriales* carecen de definiciones claras. Advierte que si el gobierno brasileño llegara a adoptar esta ley antes de crear una legislación que reglamente el acceso de investigadores y empresas extranjeras a la rica biodiversidad concentrada en sus selvas, corre el riesgo, por ejemplo, de tener que pagar, y pagar un alto precio, por un hongo de la Amazonia con genes alterados, sin que la empresa extranjera haya pagado un solo centavo por la materia prima genética.

Apoyándonos en todas estas consideraciones, es preciso regresar a nuestra pregunta inicial: ¿Qué podemos entender por *desarrollo sostenible*? Hemos llegado a la conclusión de que *desarrollo sostenible es un proceso de ensanchamiento del panorama de oportunidades ofrecidas a la población de un país, de tal manera que, atendiendo de la mejor manera posible a las necesidades de las generaciones actuales, se preserven la capacidad y las posibilidades de las generaciones futuras para atender a sus propias necesidades.*

Ensanchar el panorama de oportunidades ofrecidas a la población de un país implica garantizar el acceso al conocimiento ya producido por la humanidad; preservar la capacidad de las generaciones futuras para atender a sus necesidades implica la misma cosa.

El acelerado avance que la producción del conocimiento viene experimentando en la actualidad ha planteado toda una serie de nuevas cuestiones éticas, cuyas respuestas afectarán la vida de toda la población.

¿A quién le corresponderá decidir sobre estas cuestiones?
Abismos insondables separan, por ejemplo, el conocimiento de los científicos dedicados a la biología y la genética del conocimiento que tienen los representantes del pueblo, los políticos legalmente investidos de poderes para representar la voluntad popular y de aquel al que la mayoría de la población tiene acceso. Los bajos índices de escolaridad y la escolaridad de baja calidad obstaculizan la circulación del conocimiento científico a la velocidad a la que va siendo producido, con lo cual se mantiene en la ignorancia a enormes contingentes poblacionales que reproducen comportamientos y actitudes tradicionales frente a fenómenos completamente nuevos, hallándose incapacitados para el ejercicio creativo de respuestas a causa del desfase de conocimientos al que están sometidos.

Es dentro del acervo de conocimientos producidos por las Ciencias Sociales donde se localiza el saber ya producido sobre las cuestiones que hoy nos afligen a este respecto. De difundirse y utilizarse a gran escala no solamente por los especialistas (sus productores) y por los políticos (los representantes de un pueblo a la hora de legislar sobre las situaciones sociales), sino también por la población misma, como recurso para expresar sus necesidades y reivindicaciones, y para hacer públicas, de manera conjunta y organizada, las aspiraciones populares, este saber propiciará y acelerará transformaciones radicales en la dirección deseada y necesaria del mejoramiento del nivel de vida de las sociedades contemporáneas. De tal manera que el siglo XXI ostente un Estado fortalecido por una alta y digna calidad de vida de su sociedad, en reemplazo del actual, inadmisible e intolerable, consolidado al precio del empobrecimiento de su pueblo, siguiendo aún el modelo de la era mercantilista.

Con el solo propósito de hacer tangible la distancia que separa hoy en día al llamado *hombre civilizado*, sumergido en el mundo de los recursos tecnológicos, del conocimiento acumulado de las Ciencias Humanas y Sociales, podríamos decir que lo que tenemos es a unos *hombres prehistóricos* con cámaras de video en las manos, rodeados de computadores y aparatos de televisión, piloteando naves espaciales ¡piloteando el Planeta Tierra! ¿Qué harán ellos con toda esta parafernalia en beneficio de sus vidas y de las de sus hijos y de su hábitat? ¿Cómo se protegerán del mal uso social que es posible hacer de ella, como lo ha venido demostrando la historia de la actualidad? ¿Sabrán trazar el mapa de sus destinos?

Preguntas muy difíciles de responder y de fuerte repercusión en la vida pública y en nuestras vidas privadas exigen soluciones prontas:

- la conveniencia o no del embarazo posmenopáusico para la madre, para el hijo, para la especie humana;

- la aplicación o no de las pruebas genéticas, ya sea para procurar el tratamiento de las enfermedades genéticas con terapias y recursos ya creados, o bien para evitar, por medio del aborto terapéutico, el nacimiento de fetos portadores de defectos genéticos para los que aún no se cuenta con una solución;

- los pros y los contras del cultivo de células extraídas de fetos y cadáveres para las investigaciones sobre fertilización y la consecuente producción de conocimiento sobre enfermedades genéticas o congénitas, y para la creación de métodos anticonceptivos más eficaces (¿tendría derecho el ser humano a crear vida a partir de una mujer que ya murió o de un ser humano que jamás llegó a existir?);

- la conveniencia o no de la utilización de la energía nuclear;

- la necesidad de poner freno a los efectos nocivos del progreso industrial, preservando sus beneficios;

- la necesidad de poner coto al hambre, a la miseria y a las enfermedades en un mundo con una inmensa capacidad de producción; éstos son unos cuantos ejemplos de la responsabilidad que tenemos por delante.

¿Sobre qué hombros ha de recaer esta responsabilidad? Como ya vimos, la mejor respuesta no es que sobre los hombros de los representantes del pueblo, elegidos legalmente para tomar decisiones en su nombre, ni sobre los hombros de los científicos, poseedores de un saber científico y tecnológico que les garantiza un alto grado de autonomía en lo que tiene que ver con las cuestiones en juego. Para apreciar la dimensión de sus implicaciones hacen falta amplios debates y consideraciones de los que no debería excluirse a ningún ciudadano. Se trata de decisiones que no pueden ser tomadas por pequeños grupos a nombre de lo que sea, pues afectan radicalmente las vidas de todos nosotros. Son cuestiones de vida o muerte. Se refieren a la supervivencia de nuestra especie y de nuestro medio ambiente. Por otra parte se trata de decisiones que exigen conocimiento específico, acceso al saber ya producido, capacidad de autonomía, de decisión y de creación de respuestas creativas que puedan asumirse con los más bajos riesgos de equivocación.

Como los vientos y las aguas no conocen fronteras, así como, por ejemplo, la contaminación del río Paraná en el Brasil afecta directamente los ríos Paraguay y Uruguay a través de la cuenca del río de la Plata, del que es origen; así como la contaminación del río Urubamba en el Perú afecta al Brasil a través del río Amazonas, del que es uno de los formadores; de la misma manera como la contaminación de cualquier río contamina los mares en algún grado, afectando nocivamente vastas zonas; así como los vientos cargados de contaminación fabril o radiactiva invaden los aires de países distintos a aquel de donde provienen; de igual manera la acción de los hombres también cruza las fronteras de sus territorios nacionales, en actitudes a veces inconscientes y, otras, inconsecuentes, amplificando la acción de las aguas y de los vientos, que ignoran las fronteras. Una explosión de una central nuclear, como la de Chernobyl en la ex URSS, puede alcanzar a Colombia en sus efectos contaminadores, a través, por ejemplo, de la importación de leche y carne europeas, provenientes de animales que hayan pastado en campos alcanzados por la radiación proveniente de la central nuclear.

Los distintos países han enfrentado de distintas maneras estas cuestiones. La diversidad de las leyes en países diferentes genera problemas. Es posible que el control a la contaminación por gases y residuos industriales que afectan las aguas, los vientos y el territorio de un país no se ejerza en otro. Las aguas y los vientos se encargarán de la diseminación de los efectos nocivos a través de las fronteras. De igual manera, es posible que la fertilización y las investigaciones con embriones lleguen a prohibirse en algunos países mientras siguen siendo permitidas en otros. A una persona puede bastarle cruzar la frontera de su país para recibir un tratamiento que es prohibido en el suyo.

En el Reino Unido, por ejemplo, a comienzos de 1994, la HFEA (Human Fertility and Embriology Authority —Autoridad en Fertilidad y Embriología Humana), órgano británico que controla las investigaciones relacionadas con la fertilización que involucren embriones humanos, dio inicio a una consulta popular sobre el tema. Publicó diez mil copias de un documento en el que se aclaraban los puntos principales, los pros y los contras, de la utilización de óvulos extraídos de cadáveres y de fetos abortados. Distribuyó este documento entre instituciones y personalidades, y hoy dispone de una lista con miles de nombres de personas e instituciones interesadas en opinar, aparte de que recibe llamadas telefónicas en las que se hacen constar posiciones a favor y en contra. La HFEA pretende, al final de un lapso previsto de seis meses, emitir su opinión oficial con respecto a la reglamentación en cuestión. De persistir la polémica sobre el tema, la reglamentación podrá ser votada por el Parlamento, órgano de representación política del gobierno, que tendrá la última palabra. De allí en adelante le corresponderá a la HFEA divulgar y fiscalizar el cumplimiento de las reglas aprobadas.

Se trata de un ejemplo histórico contemporáneo de cómo pueden conjugarse consultas a la población en general, a especialistas, a sociedades organizadas en organizaciones y a los representantes políticos del pueblo. Esto pone en evidencia la necesidad de que el saber y la escolaridad se articulen con las acciones populares, pues, de lo contrario, estaremos corriendo el riesgo de establecer consultas populares, a través de plebiscitos o referendos, que en nada se diferencien cualitativamente de la consulta de Pilatos al pueblo durante el juzgamiento de Cristo. En otras palabras, sin el acceso al conocimiento acumulado, sin la garantía del derecho a una educación de calidad, simplemente *nos estaremos lavando las manos* ante estas cuestiones, por más que éstas se debatan ampliamente.

Las traducciones de los conocimientos de las Ciencias de la Naturaleza en recursos para la vida cotidiana, como cámaras fotográficas y de video y aparatos de comunicación (radio, TV, CD, computador, etc.), además de medicinas, tratamientos de salud y alimentos, integran la vida actual, pese a que en algunos países como el nuestro, de enormes desigualdades, sus beneficios no nos cubren a todos.

Ahora es preciso que se dé la traducción de los conocimientos de las Ciencias Humanas y Sociales en:

a. conciencias críticas creativas, capaces de generar respuestas adecuadas a los problemas que enfrentamos actualmente y a nuevas situaciones que irán siendo consecuencia del desarrollo de la ciencia;

b. desarrollo de la ciudadanía, lo que implica el conocimiento, el uso y la producción histórica de los derechos y deberes del ciudadano;

c. desarrollo del civismo, o conciencia cívica, que implica la consideración del *otro* en cada decisión y actitud de naturaleza pública o particular.

La escuela es, con toda seguridad, uno de los locales sociales donde puede y debe propiciarse esta traducción (o este encaminamiento). Se trata de una tarea que ha de cultivarse desde los primeros años de la escolaridad. Es una tarea seria y sistemática, y sin embargo no difícil, pues para iniciarla ya existe un saber acumulado por las Ciencias Humanas y Sociales, capaz de dar cuenta de ella en gran parte. Lo que se necesita es que este saber esté al alcance y a la disposición de los profesores, que pase de ser un saber acumulado a un saber apropiado por los profesores para que lo utilicen como herramienta de trabajo. Es preciso que este saber sea elaborado al lado de los profesores a través de una metodología coherente con el contenido de este saber para que éstos puedan actuar adecuadamente junto a sus alumnos desde los primeros años de estudios.

Incentivar a los maestros que formarán a nuestros niños y adolescentes a acercarse a estos contenidos y a esta metodología es la ambiciosa meta que este libro persigue.

En esta dirección se encaminan los dos capítulos que vienen a continuación. Uno de ellos contiene las consideraciones metodológicas que hacen viable la realización del proceso de enseñanza-aprendizaje, pisando las huellas de los conocimientos provenientes de las Ciencias Humanas y Sociales; el otro ofrece un material didáctico en la forma de textos para utilizarlos en la formación de profesores en el tema del desarrollo sostenible. Finalmente, una sugerencia de metodología de trabajo, a partir de procedimientos coherentes con las consideraciones hasta aquí desarrolladas, cerrará esta secuencia.

Con todo esto se pretende afianzar la colaboración que la escuela puede dar a las cuestiones de actualidad, con la esperanza de que evolucionemos de un Estado mercantilista a un Estado democrático, de derechos, en el que se cumpla lo afirmado en la Declaración de los Derechos del Hombre y del Ciudadano, de tal manera que *todo el poder emane del hombre y sea ejercido por él*.

Capítulo 4

Medio ambiente y formación de profesores: consideraciones metodológicas

Comprender las cuestiones ambientales teniendo en cuenta, además de sus dimensiones biológicas, químicas y físicas, el hecho de que son cuestiones sociopolíticas, exige la formación de una *conciencia ambiental* y la preparación para el *pleno ejercicio de la ciudadanía*, fundamentadas en el conocimiento de las Ciencias Humanas.

Información y *vivencia participativa* son dos recursos importantes de un proceso de enseñanza-aprendizaje centrado en el *desarrollo de la ciudadanía* y de la *conciencia ambiental*.

La adquisición de conocimientos y de contenidos tales como:

*   los derechos y deberes previstos en la ley;

*   qué otros derechos y deberes se hacen necesarios en situaciones nuevas;

*   cómo se construyen los nuevos derechos y deberes;

*   qué es el medio ambiente;

- cómo es el medio ambiente inmediato (donde vivo);

- cómo se transforman los elementos del medio ambiente;

- así como también experiencias de participación social que propicien la vivencia de comportamientos individuales y colectivos organizados, con el fin de conocer derechos, deberes, intereses, necesidades, acciones desarrolladas y consecuencias producidas, son componentes necesarios de este proceso educativo.

Pero, más que todas estas informaciones, es la manera como se adquieren lo que va a dar pie al desarrollo del tipo de formación que se pretende.

Una cosa es leer los derechos y deberes definidos en una Constitución y otra cosa es descubrir cómo lidian las personas con estos derechos y deberes en su vida cotidiana y con qué resultados. *Descubrir cómo lidian las personas con ellos* significa *entrar en relación con ellas*, desarrollar comportamientos en relación con ellas en busca de este objetivo, es decir, tener una *experiencia de participación social organizada específicamente para la obtención de un fin determinado*.

Una cosa es leer sobre el medio ambiente y quedar informado sobre él y otra es observar directamente mi medio ambiente, entrar en contacto directo con los diferentes grupos sociales que lo componen, observar cómo las relaciones sociales permean el medio ambiente y lo explotan, recopilar en diálogo con las personas informaciones acerca de las relaciones que sostienen con el medio ambiente dentro del que viven; en fin, aprender cómo lidia con él la sociedad. Actuar así es experimentar comportamientos sociales en relación con mi medio ambiente que permiten constatar sus características y sus relaciones con nuestro comportamiento. Ya sabemos que *a participar se aprende participando*.

La escuela es un lugar entre otros (trabajo, hogar, iglesia, etc.) donde profesores y alumnos ejercen su ciudadanía, es decir, se comportan de alguna manera en relación con sus derechos y deberes.

Es verdad que en muchas escuelas todo pasa como si la situación tuviera que ser eterna, inmutable, concluida y acabada. Los profesores, por una parte, se quejan; los alumnos, por otra, los aborrecen, y entre todos perpetúan una situación escolar prácticamente insoportable como si se tratara de una fatalidad cuya solución nada tuviese que ver con ellos. Ambos olvidan que existen los derechos y deberes del profesor profesional, descritos en los estatutos del gremio, y los derechos y deberes del niño y del adolescente, garantizados por la Constitución. Además existen los intereses de los profesores, quienes pueden querer formar en sus alumnos este o aquel tipo de conciencia de esta o de aquella manera, ya sea simplemente atiborrando de información a los alumnos, ya sea orientándolos en experiencias participativas para lograr su aprendizaje. Existen los intereses de los alumnos, propios de sus edades y de los distintos momentos de su proceso de maduración, que los hacen vibrar, involucrarse, entusiasmarse y aprender mucho más cuando son sujetos activos y participantes que cuando son meros lectores u oyentes.

Estos intereses pueden estar por dentro o por fuera de los reglamentos establecidos. Son en verdad el resorte que impulsa los reglamentos existentes y los que estén por venir, pues tales reglamentos y tales derechos y deberes ya establecidos son productos históricamente localizados de acciones humanas llevadas a cabo por sujetos históricos que se dieron cuenta, en algún momento de sus vidas, de asegurar, mediante el registro de una reglamentación, la naturaleza de ciertas acciones que consideraban que era importante, correcto y necesario desarrollar.

Por consiguiente, el desarrollo de la ciudadanía y la formación de la conciencia ambiental encuentran en la escuela el lugar adecuado para su realización por medio de una enseñanza activa y participativa, capaz de superar los escollos y las insatisfacciones que actualmente se viven por lo general en la escuela, al seguir las huellas de la tradición.

En aquellas escuelas donde los profesores estén acostumbrados a una manera más tradicional (conservadora) de enseñar, trabajando simplemente con la información, lo que acabamos de decir hace que se planteen algunas preguntas inevitables.

¿Cómo se hace esto? ¿Es preciso hacer a un lado todo el trabajo que yo hacía, pues ya no sirve para nada? ¿No hay que conservar nada?

Hay que utilizar el conocimiento del que el profesor ya dispone sobre el trabajo escolar, vinculándolo con la información proveniente de los libros, que da testimonio de la importancia que tiene la información dentro de los contenidos escolares, para poder comprender y manejar mejor nuestro mundo y nuestra vida.

Los profesores han venido siendo testigos de la falta de interés, el desagrado y la carencia de atención de niños y adolescentes cuando se los enfrenta a exigencias estudiantiles ceñidas a la enseñanza libresca; y de las respuestas memorizadas para los exámenes que de tal actitud resultan, con el sólo fin de complacer al profesor. Todo esto circunscribe sólo a la escuela el acto de aprender. Poco es lo que se lleva de la escuela para la vida. Y de este modo la vida se va convirtiendo en algo repetitivo, conservador. Y sus problemas se van perpetuando y multiplicando.

Es preciso entonces considerar y utilizar las constataciones de los profesores para organizar otro tipo de acción educativa que llegue a resolver los problemas anotados, de tal manera que se satisfagan convenientemente los intereses del profesor, del alumno, de las poblaciones; en fin, de nuestras vidas.

En este caso nos encontramos frente a una propuesta de transformación. Por lo tanto, nada más pertinente y necesario que plantearnos algunas preguntas: ¿Qué es lo que hay que transformar? ¿Por qué?

En primer lugar, nuestra visión del mundo, puesto que la conciencia ambiental presenta una comprensión del medio ambiente y de la actuación del hombre en este medio que da un paso adelante en relación con el modo capitalista de comprensión del mundo, apuntando hacia una forma más satisfactoria de resolver los problemas de la supervivencia humana. En segundo lugar debemos transformar la manera de llevar a cabo el trabajo escolar, que de informativo ha de pasar a ser formativo.

¿Qué se desarrolla y quién se beneficia con esa transformación del trabajo escolar?

Se desarrolla la capacidad de participar, de relacionarse con el mundo (grupos sociales y demás elementos del medio ambiente), de manera organizada y con un objetivo específico. En el caso de la vida escolar, este objetivo es conocer mejor el mundo y *aprender a organizar su comportamiento social para resolver problemas*. Con esto crecen la capacidad y la calidad humanas para ejercer la ciudadanía de una manera organizada y democrática, sin perder de vista en ningún momento la existencia del *otro*, ya que se aprende a participar, a entrar en relación social de una manera organizada. Y esto es condición para que seamos capaces de organizar nuestros comportamientos de tal manera que se amplíe y diversifique la participación de las personas en las tomas de decisiones. Hoy en día se solicita esta participación para la solución de problemas derivados de decisiones para las cuales no se nos consultó.

Es necesario dar un paso transformador. Este paso apunta en la dirección de orientar las labores escolares de acuerdo con una lógica ambiental, con el fin de pasar de la *escuela informativa* a la *escuela formativa*. Es necesario y posible contribuir a la formación de personas capaces de crear y ensanchar espacios de participación en las *tomas de decisiones* para nuestros problemas socioambientales.

Queda una pregunta: ¿Cómo hacer esto en el día a día del aula de clases con niños y adolescentes? Los mismos profesores que tomen este camino crearán, con toda certidumbre, muchas respuestas.

En este momento, el primer paso es tener la convicción de esta necesidad de cambio cualitativo de la situación que se basa en el trabajo con la información.

Una segunda medida consiste en transformar la manera de trabajar con la información. Las informaciones culturalmente acumuladas (contenidas en libros y computadores) pasan a ser el objeto de trabajo de los alumnos, quienes, orientados por el profesor, las analizan y las discuten con miras a tomar posesión de ellas de tal manera que puedan utilizarlas como recursos o instrumentos de comprensión de la realidad y de resolución de sus problemas. En esta dimensión, el trabajo escolar con la información sobrepasa, por consiguiente, la mera acumulación de informaciones por parte del alumno, y tiene por meta primordial hacer de la información un *instrumento de conocimiento del alumno*, una *herramienta* para la comprensión y el desarrollo del mundo que lo rodea, más allá de las apariencias inmediatas. Su propósito es transformar el conocimiento de sentido común, de cuño inmediatista y no-cuestionador, en un conocimiento más elaborado, cuestionador y reflexivo. Requiere, pues, una interacción de los estudiantes con el conocimiento, un *hacer del alumno con el conocimiento*, apoyado por el *saber-hacer pedagógico del profesor*, el cual proviene de los conocimientos específicos correspondientes a su materia y de su experiencia didáctico-pedagógica en su disciplina. En este sentido, el trabajo que se realiza con la información en el aula no se limita al *saber acumulado* y de alguna manera aprobado, reconocido, legitimado, sino que aconseja y estimula la recopilación de información directamente en el medio ambiente con el que profesores y alumnos entran a entendérselas y, en el salón de clase, a través de comportamientos participativos especialmente organizados para este fin. Las informaciones recopiladas pasan a ser analizadas mediante comparaciones con las informaciones acumuladas. Las conclusiones a las que se llegue a partir de ahí podrán ser definitivas (casi nunca lo son), pero parciales, lo que favorece la comprensión de la necesidad de la participación de conocimientos de diversa naturaleza (interdisciplinariedad) y, por lo tanto, del trabajo conjunto (en equipos, en grupos) para lograr una aprehensión más amplia de los problemas enfocados. En esta índole de enseñanza es aconsejable y deseable organizar algunas actuaciones escolares, en el seno de la comunidad dentro de la que está situada la escuela, que sean vistas como útiles y necesarias tomando como punto de partida estos estudios.

Esta nueva forma de trabajar con la información:

a.   vincula el trabajo realizado en el salón de clase con la vida misma, dinamizando y vivificando el trabajo escolar;

b.   crea la necesidad de proponer problemas que el alumno habrá de resolver;

c.   pone en evidencia la necesidad y la importancia del trabajo colectivo en la resolución de problemas;

d.   sitúa a todos los involucrados en el proceso de enseñanza-aprendizaje escolar (profesor y alumno) como sujetos de este proceso;

e.   transfiere la expectativa que se tenía de que el alumno acumulara y digiriera la información a la fuerza, a la de un desarrollo de su capacidad de actuación, que debe adquirir al enfrentar situaciones de la vida, a través del manejo y la utilización de conocimientos que sabe que existen y que domina con cierta extensión;

f.   crea, por medio de la constatación del carácter casi siempre parcial del conocimiento logrado en la resolución de problemas, la comprensión de esa *incompletitud*, la condición de *modestia necesaria* para *escuchar al otro, reflexionar a partir del saber existente en dirección a la construcción incesante del saber*, influyendo así decisivamente en la formación de *actitudes sociales e individuales positivas* frente al conocimiento en su calidad de proceso creador;

g.   destaca el papel del profesor en su calidad de organizador y administrador de las situaciones de enseñanza propiciadoras de este tipo de aprendizaje.

En esta nueva perspectiva de la enseñanza, el profesor se transforma verdaderamente en un *coordinador*. Coordina en el espacio escolar un tránsito de diferentes tipos de conocimiento. El conocimiento científico del que él es el representante en alguna medida, el conocimiento de sentido común del que todos, alumnos y profesores, somos portadores, el conocimiento teórico y el conocimiento práctico (o el del *saber* y el del *saber hacer con el saber*), y la cultura de masas, que nos abarca a todos, si bien en diferentes formas y proporciones.

El profesor coordina la organización de actividades de aprendizaje respaldadas en situaciones-problemas creadas por él, y cuya resolución por parte de los alumnos será llevada a cabo en condiciones escolares administradas por el docente, de tal manera que:

a.   se estimule a los alumnos a *interactuar con el saber*;

b.   se garantice al proceso educativo su carácter de *proceso de comunicación*: comunicación entre saberes de diferentes tipos; comunicación de diversos agentes del proceso educativo (profesores, alumnos y otros actores sociales) entre sí y con el saber, a partir de sus perspectivas específicas; comunicación entre los alumnos y el saber a través de su interacción mutua.

En su calidad de coordinador del proceso de enseñanza-aprendizaje, el profesor también experimenta la dimensión de *incompletitud* de este mismo proceso (que es simultáneamente un proceso incesante de construcción del saber), ya sea por su enfrentamiento con preguntas que aún no tienen respuestas, ya sea por el descubrimiento durante su ejercicio de limitaciones y/o impropiedades de ciertas actuaciones, que lo obligan a hacer *reflexiones* y *recreaciones*, de modo que sus propias actuaciones profesionales, sociales y personales se verán influidas y modificadas de manera positiva, en la medida en que él es remitido al núcleo de este proceso social de construcción del saber, eterno e inagotable. Y en ese punto radican toda la habilidad y belleza que implica este proceso; exactamente ahí: donde alumnos y profesores tienen un encuentro notorio, en esta nueva perspectiva de enseñanza que vincula el *espacio escolar* al *espacio de la vida*, dinamizándolos y revitalizándolos a los dos.

Siendo la TV un medio de comunicación de gran consumo y de amplios recursos visuales, aprovechar en la escuela el material que presente sobre medio ambiente será muy importante. Muchos videos acerca de animales, preciosos por su belleza estética y su contenido informativo (Jacques Cousteau, BBC, National Geographic Society, etc.), imágenes de noticieros que muestren comportamientos de la naturaleza en determinados momentos (lluvias torrenciales, erupciones volcánicas, temblores de tierra, etc.), entrevistas y declaraciones de políticos, de técnicos, de personas afectadas por los efectos de la construcción de plantas hidroeléctricas, carreteras, puentes, oleoductos; reportajes sobre diferentes lugares de la Tierra, además que el amplio uso que de la naturaleza hacen los comerciales, se constituyen en un vasto material que puede aprovecharse perfectamente en la escuela.

Las posibilidades didácticas ofrecidas por el uso de la red de computadores en la enseñanza hacen viable el ejercicio de una práctica pedagógica en el aula diferente a la de la enseñanza tradicional. Mientras que en este último modelo el profesor es la *fuente* del saber y el alumno el *receptor*, en el modelo de actuar pedagógico hecho posible por la red de computadores alumnos y profesores se vuelcan juntos sobre el objeto de conocimiento, blanco de la acción escolar. Tenemos entonces una relación alumno-profesor mediada por el conocimiento en la que el papel de los sujetos del aprendizaje (todos los involucrados en el proceso) se redefine. Al profesor le corresponde coordinar situaciones de enseñanza provocativas, propiciadoras, desencadenadoras de aprendizaje. A los alumnos les corresponde actuar, enfrentar, trabajar con las informaciones recibidas, de tal manera que ingresen en un proceso constante de construcción/reconstrucción del conocimiento. Además de eso, la red de computadores ensancha el circuito de las relaciones profesor-alumno hasta mucho más allá de las paredes de un mero salón de clase. La vivencia de contactos con múltiples sujetos aumenta las posibilidades de aprendizaje sobre el tema que se esté tratando, gracias al hallazgo de múltiples propuestas y puntos de vista, expuestos casi como en persona, vía la red.

En este nuevo modelo de enseñanza, tomar conciencia del propio grado de conocimiento sobre el tema enfocado, problematizar este conocimiento inicial, localizar informaciones pertinentes sobre el tema, tomar conocimiento de las fuentes que dieron origen a las informaciones utilizadas, reelaborar los conocimientos iniciales a la luz de las fuentes, analizar situaciones concretas con base en las informaciones disponibles y organizar acciones concretas de participación que tengan que ver con el tema enfocado, son algunas de las posibilidades que se presentan para las acciones de los alumnos y que es preciso que sean coordinadas por los profesores.

Al final de estas consideraciones, podemos concluir que la *formación de la conciencia ambiental de nuestra juventud* y el *desarrollo del ejercicio de su ciudadanía* tienen como prerrequisito la transformación de la *escuela informativa* en *escuela formativa*.

Ésta será la que podremos construir a partir de la conciencia ambiental que tengamos y de las participaciones escolares que seamos capaces de coordinar en el día-a-día de nuestro trabajo escolar, *organizando el proceso de enseñanza dentro de un amplio proceso de comunicación escolar*.

Este es el desafío que los albores del siglo xxi le plantean al profesor, en su calidad de profesional de la educación en ejercicio de su ciudadanía.

Capítulo 5

Recursos didácticos para la formación de profesores

Introducción

Avanzar en la dirección de la escuela formadora implica contar con algunos recursos didácticos adecuados y generar situaciones de participación social, orientadas por la escuela, en las que alumnos y profesores puedan, juntos, ejercer y desarrollar sus ciudadanías a través del trabajo escolar.

Los textos que componen este capítulo se constituyen en material didáctico para ser utilizado en cursos de formación de profesores de enseñanza básica primaria (1° a 5° grados). Son una tentativa de colaboración con la construcción de la escuela formadora que proponemos aquí. Tienen como objetivo:

a. desarrollar la *conciencia ambiental* de estos aspirantes a profesores;

b. sensibilizarlos acerca de la importancia de la formación de la conciencia ambiental desde la educación básica primaria (1° a 5° grados);

c.   propiciar vivencias pedagógicas sensibilizadoras y estimuladoras de acciones didácticas realizables en el 1er. grado, en las que actuarán orientados hacia la formación de la conciencia ambiental y hacia el desarrollo de la ciudadanía de los alumnos.

A lo largo de esta propuesta, los aspirantes a profesores trabajarán con los conceptos de: 1. medio ambiente; 2. vida; 3. conservación, transformación, desarrollo; 4. acción política e intereses; 5. lógica (modo de pensar) capitalista; 6. lógica humanista; 7. lógica ambientalista.
Tales conceptos serán trabajados por ellos a través de vivencias en el aula:

a.   exploradoras de los conceptos iniciales de los que sean portadores los alumnos;

b.   problematizadoras de estos conceptos iniciales;

c.   reorganizadoras de los conceptos iniciales para convertirlos en conceptos más elaborados, con base en las Ciencias Humanas;

d.   suscitadoras de la creación de propuestas de situaciones didácticas para el 1er. grado que les estimulen a los niños que inician su escolaridad el desarrollo de su ciudadanía y la formación de sus conciencias ambientales, propuestas que habrán de ajustarse a la madurez y a las posibilidades de realización del cuerpo estudiantil en esta etapa.

El material teórico que aquí presentamos consta de:

a.   seis textos teóricos que han de trabajarse con alumnos del curso de formación de profesores de los primeros grados de la enseñanza básica primaria;

b.   seis sesiones coordinadas, una para cada uno de los temas abarcados por los textos teóricos, y una adicional.

En este contexto llamamos sesión coordinada al trabajo que llevarán a cabo profesores y alumnos, en y a partir de las aulas, en los cursos de formación de profesores.

Se trata de una tentativa de asumir el trabajo didáctico dentro del nuevo modelo que aquí preconizamos, en el que alumnos y profesor se vuelcan en conjunto sobre su objeto de conocimiento y de estudios.

Aquí el profesor siempre será llamado *coordinador* por la naturaleza del trabajo docente que desempeña en la metodología utilizada. El coordinador siempre parte de una indagación de lo que saben o piensan los alumnos del tema considerado, para lo cual crea una situación inicial en la que se invita a los alumnos a reflexionar individualmente sobre el tema y a manifestar, en pocos minutos, lo que saben o lo que no saben al respecto. A continuación se los guía para que, conformados en grupos pequeños, tomen conocimiento de las respuestas de algunos colegas y entre todos elaboren una respuesta grupal, que en un tercer momento se le presentará a toda la clase, bajo la coordinación del profesor. Difícilmente estarán todos de acuerdo en la segunda y tercera etapas. Entonces se verán obligados a analizar diferencias, considerar argumentos, justificar puntos de vista. Vivirán problematizaciones planteadas por ellos mismos, aparte de las que sean propuestas por el coordinador, y se verán abocados a tomar decisiones y a asumir riesgos.

Al no estar acostumbrados al ejercicio del pensamiento, a la búsqueda de significados para las acciones cotidianas, es posible que los alumnos opongan algunas resistencias en esta etapa. Sobre todo, cuando, al confrontar sus ideas con las de sus pares, se enfrenten al desacuerdo y tengan que tomar decisiones al respecto. La habilidad del profesor en la coordinación de tales situaciones es de vital importancia para que:

a.   las opiniones divergentes no se transformen en polos de polémicas estériles, reforzadoras de las *resistencias al pensamiento*;

b.   puedan ser fuentes de *hipótesis* de trabajos que hagan viable *pensar*, estudiar, acopiar datos a partir de perspectivas diferentes.

Ciertas precauciones importantes pueden evitar que la cuantía del cambio introducido en los trabajos escolares así tratados sea excesiva, hasta el punto de generar resistencias. Conceder un tiempo breve para la ejecución de cada etapa individual favorece el que ésta se produzca como un *flash* de lo que se encuentra en la cabeza del alumno en aquel momento como producto de sus experiencias con el tema propuesto, y no como una elaboración racional construida para ello; estar alerta ante la posibilidad de diferentes visiones en la fase de trabajo en grupo y el seguimiento y el apoyo para lidiar con las diferencias son precauciones didácticas indispensables por parte del profesor.

El conocimiento acumulado acerca del tema ingresa a través de los textos, cuya lectura podrá llevarse a cabo de manera individual o por grupos de dos personas, según el criterio del coordinador.

El ejercicio de la lectura individual favorece el acto de concentrarse, mientras que la lectura por grupos de dos personas favorece el intercambio de información con interlocutores que hablan un lenguaje más cercano al del alumno y que manejan esquemas de razonamiento más semejantes a los suyos, con lo cual se facilita el intercambio de experiencias entre los lectores sobre el asunto tratado y estimulando el diálogo con el autor del texto.

Como *leer* es una de las dificultades más notorias que enfrentan nuestros estudiantes, aun por la falta misma de oportunidades de hacerlo, pues es por lo general una actividad que no está inscrita dentro de sus hábitos, al coordinador le corresponderá observar y decidir cuál de las situaciones de lectura propuestas es la más adecuada para formar lectores que, a largo plazo, estén en condiciones de dialogar con los autores de los textos.

Luego de la lectura de los textos, los conocimientos adquiridos deberán utilizarse como instrumento y recurso, bien sea para reconsiderar las respuestas ya dadas a preguntas anteriores (verificando qué queda y qué cambia en estas respuestas), o bien para resolver nuevos problemas planteados.

Lo que se busca por medio de estos nuevos problemas es hacer posible el encaminamiento de los aspirantes a profesores hacia una situación doble:

a. experimentar el papel de alumno-ciudadano, en su presente calidad de alumnos, viéndose involucrados en el desencadenamiento de la organización, la participación y el desarrollo de acciones estudiantiles en la escuela y en el seno de la comunidad, que tengan por meta el conocimiento y el mejoramiento del medio ambiente;

b. sensibilizarse ante el desarrollo de este tipo de participación en el medio ambiente con los alumnos de los grados elementales con quienes habrá de trabajar.

No se pretende, con este material y con estas sugerencias, agotar las posibilidades de trabajo en el sentido aquí señalado. Se trata, por el contrario, de propuestas introductorias que la experiencia, el conocimiento y el buen sentido de los profesores interesados en estos problemas se encargarán de sacar adelante.

El principal cuidado que ha de tenerse consiste en encaminar el conocimiento inicial del alumno hacia un conocimiento más elaborado, que no se estanque en el nivel teórico sino que se traduzca en una acción o en una práctica participativa, vivida dentro y a partir de la escuela, enriquecedora de este conocimiento y favorecedora del espíritu cívico a través del hecho de tener en cuenta al *otro* que todas estas situaciones implican y del desarrollo de la ciudadanía vivencia de sus derechos y deberes por medio de la conciencia ambiental que está en proceso de construcción.

Textos teóricos

1. ¿Conoce usted su medio ambiente?

Lo primero que hay que saber con claridad para responder a esta pregunta es: ¿qué es el medio ambiente?

De modo general se entiende que esta expresión se refiere a los aspectos naturales de un lugar, tales como el aire, las rocas, la vegetación nativa, la fauna, etc. Se trata, no obstante, de una comprensión incompleta, por variados motivos. El primero de ellos tiene que ver con el hecho de que por lo común no se incluye dentro de la fauna los animales de la región al hombre mismo. Es como si ésta tan sólo hiciese referencia a los *otros* animales.

Otro hecho tiene que ver con las características del *animal-hombre*, comúnmente excluido de la fauna. El ser humano, a pesar de que forma parte de la fauna de los más diversos lugares de nuestro planeta, muestra algunas características peculiares que varían de un medio ambiente a otro.

Se sabe, por ejemplo, que el hombre andino tiene una mayor cantidad de glóbulos rojos en su sangre, lo que le permite enfrentar mejor que los hombres de otros lugares la rarefacción del aire debida a las elevadas alturas de la región. Esto revela una amplia capacidad fisiológica de adaptación que no se constata con la misma intensidad entre otros animales. Además de esto, el ser humano se distingue por su capacidad de transformar la naturaleza, producir objetos, crear ideas e inventar significados para sus acciones, para los objetos y para la naturaleza misma. En otras palabras, es un ser capaz de producir *cultura*.

Cultura es todo aquello hecho, preservado o transformado por el hombre. Esto en contraposición a la naturaleza, que es todo lo que existe, no hecho, preservado ni transformado por el hombre.

Así pues, el lecho de un río que haya nacido de un manantial traza su curso por entre las rocas de su trayecto, acoge en sus aguas plantas y animales que hacen de él su vivienda, y es un elemento de la naturaleza. Cuando, por cualquier razón, el hombre desvía sus aguas (para construir una carretera o una represa), o arroja residuos o desechos industriales en sus aguas, contaminándolas, está transformando ese río, que entonces deja de ser naturaleza para convertirse en cultura, es decir, en *naturaleza transformada por la acción del hombre*.

Cualquier animal de la fauna que nazca, crezca, desarrolle su ciclo vital y muera sin interferencias deliberadas del ser humano, es un elemento de la naturaleza. Ya al ser criado por el ser humano y cuidado por él, se convierte en un elemento de la cultura. Toda la diferencia existente entre un res salvaje y una res de ganadería reside en las diferencias que son consecuencia de este cuidado por parte del hombre, quien interfiere con la vida del animal de varias maneras: selecciona los machos y hembras que han de procrear, con lo que transforma las características de la especie; controla su alimentación seleccionándola y dosificándola según los resultados que persiga (ganado de corte, ganado lechero).

Lo mismo acontece con los vegetales. Cualquier planta que nazca, crezca, desarrolle su ciclo vital y muera sin interferencia del ser humano, es un elemento de la naturaleza. Una vez cultivada por el hombre, se transforma en un elemento de la cultura. De allí el uso de las expresiones *cultura cañera*, *cultura del café*, *cultura de los cítricos*, etc., e incluso del término, más general, *agricultura*.

Es importante destacar a estas alturas que el hombre, en su calidad de creador de cultura, interfiere con la vida de su propia especie. Con los avances tecnológicos se introducen alteraciones en la calidad de los alimentos producidos para sí mismo, las cuales pueden alterar a su vez los parámetros de su salud. El hombre crea regímenes alimenticios con finalidades específicas, practica ejercicios físicos que pueden alterar el funcionamiento de su organismo, investiga en búsqueda de medicamentos capaces de interferir con su salud y de aumentar el promedio de vida de las poblaciones, controla la natalidad, etc. Amén de transformar su propio aparataje físico-animal, también interfiere con su modo mismo de vivir. Inventa formas de vivienda (barrios de invasión, casas, edificios, conjuntos residenciales, pueblos ciudades) y organiza diferentes modalidades de trabajo (el trabajo autónomo, el trabajo como empleado o como intermediario; el sistema capitalista de producción (la propiedad privada y el lucro); el sistema socialista de producción (el Estado como propietario de los medios de producción y distribución de los bienes). El hombre les atribuye un significado a todas las cosas que hace (crea un moral que le dice qué es correcto y que es erróneo), así como crea significados para los enigmas que están frente a nosotros, desafiándonos, como, por ejemplo, la misma muerte. Están los que buscan respuestas religiosas, basadas en creencias; están los que buscan respuestas racionales; las fuerzas de la naturaleza, como la lluvia, el viento y el trueno son interpretados como dioses por algunas culturas; otras les atribuyen calidad de sagrados a algunos animales no-humanos; para otras más la idea de Dios se identifica con una figura humana, pero que trasciende las limitaciones que se encuentran en el ser humano; y hay aún otras para las cuales la idea de Dios es supremamente abstracta y su existencia se justifica por la continua manifestación de hechos inexplicables de los que el ser humano va tomando conciencia a medida que avanza la producción científica y tecnológica del conocimiento.

El *animal-hombre* se modifica deliberadamente a sí mismo y su medio ambiente. Hace esto colectivamente a través del trabajo, el cual organiza las relaciones sociales que establece. Las organizaciones sociales son reflejos de la organización del trabajo.

Es preciso tener en cuenta, por otra parte, que todos los elementos que forman parte del medio ambiente —minerales, animales y vegetales— mantienen estrechas relaciones entre sí, de tal manera que una alteración en cualquiera de ellos repercute en los demás. Ante este hecho, y siendo el hombre un ser esencialmente creador, su capacidad de alteración ambiental es muy amplia.

Por último, es importante señalar que las alteraciones efectuadas por el ser humano no siempre tienen buenos resultados.

El hombre como un ser *creador de cultura* y por tanto, de significados, aprehende de alguna manera las relaciones existentes entre los fenómenos de su medio ambiente, piensa acerca de ellas y desarrolla un *conocimiento* o una *sabiduría* sobre ellas.

No obstante, estas relaciones entre los fenómenos del medio ambiente son tantas y tan numerosas que ningún hombre está en capacidad de dominarlas y entenderlas todas. Por otro lado, cualquier ser humano posee algún tipo de conocimiento sobre su medio ambiente, aun cuando sea el mínimo para garantizar su supervivencia en él.

En otras palabras, todo hombre tiene cultura y ningún hombre domina o conoce toda la cultura.

En vista de todas estas reflexiones, es, pues, importante concluir que:

a.   El medio ambiente está conformado por los elementos pertene-cientes a los reinos mineral, vegetal y animal que hacen parte de determinado espacio;

b.   Todos estos elementos están interrelacionados; entre ellos se destaca el hombre (quien pertenece al reino animal) por la capacidad que tiene de interferir con todos estos elementos, alterándolos consciente y/o inconscientemente por medio de las dimensiones económica y política de las organizaciones sociales que construye.

2. ¿Está viva la Tierra?

Todo lo que tiene vida nace, crece, se reproduce y muere. Así sucede con las plantas y también con los animales. Por lo tanto, todo lo que tiene vida se transforma. Obsérvese, entonces, que la transformación es un principio de la vida.

¿Qué observamos en relación con la Tierra?

En primer lugar, que ella no pertenece al reino vegetal ni al reino animal. Pertenece al reino mineral, como las piedras y todas las aguas. ¿Está viva la Tierra? La primera respuesta, y la más evidente, es: no.

Observemos, sin embargo, una roca sedimentaria. ¿Cómo surge ésta? Por acumulación de residuos de otras rocas que son transportados por la acción de las aguas o del viento y quedan depositados en algún lugar donde se van sedimentando, ganando volumen (creciendo) y dando origen, con el paso del tiempo, a otra roca.

Observemos el comportamiento de los volcanes. Entran en actividad cuando el aumento de volumen de los gases que existen en el interior de la Tierra, debido al calor del magma, presiona empujando las paredes internas de la Tierra en busca de espacio para expandirse. Con frecuencia, temblores de tierra o movimientos sísmicos anteceden a las erupciones volcánicas. Son el síntoma de que los gases dilatados por el calor buscan salida. El hombre ya ha inventado artefactos capaces de medir estos movimientos, que a veces resultan imperceptibles hasta para los habitantes de la región donde se presentan. Son los sismógrafos, que permiten percibir, por la mayor o menor intensidad de las sacudidas, la proximidad de la erupción. También, por lo general, a las erupciones volcánicas les siguen movimientos del suelo en algún lugar de la Tierra. Corresponden a un reacomodamiento de las capas terrestres. Los gases y el material incandescente que estaban acumulados en la corteza terrestre y han salido por el volcán, ocupan ahora un espacio exterior y dejaron espacios interiores vacíos.

¿Qué nos dan a pensar estas dos rápidas observaciones de fenómenos del reino mineral?

Que tanto en el caso de la formación de la roca sedimentaria como en el caso de los volcanes nos encontramos ante *procesos naturales de transformación*.

¿Reacciona la Tierra a las acciones que el hombre ejerce sobre ella?

Cuando éste siembra durante un largo período de tiempo el mismo tipo de vegetal en el mismo lugar, sin cuidar adecuadamente del suelo, acaba agotando las propiedades nutricias de la tierra. De fértil que era, se convierte en estéril o cansada.

Cuando el hombre devasta la vegetación de manera indiscriminada, sin reponerla, expone la tierra a la acción de la erosión de los vientos y de las aguas. Entre otras consecuencias, los deslizamientos y derrumbes modifican su superficie, aparte de que se presenta un fuerte desgaste de las rocas. Con la deforestación, la calidad del aire atmosférico, el régimen de lluvias, el comportamiento de los vientos y de los manantiales, los regímenes de los ríos, la flora y la fauna circundantes se alteran.

Cuando el hombre recupera regiones desérticas, logra desarrollar la agricultura en suelos anteriormente estériles.

Estas respuestas de la Tierra a las acciones humanas revelan procesos de transformación que manifiestan sus reacciones.

Ya vimos que *la transformación es un principio de la vida.*

Y vemos que la Tierra se transforma. Tanto como consecuencia de las acciones del hombre, como por exigencias de la naturaleza misma (un volcán, por ejemplo).

Pero las transformaciones que atraviesan los seres vivos se caracterizan por las siguientes etapas: nacimiento, crecimiento, reproducción y muerte.

¿Nació la Tierra alguna vez? ¿Ha crecido la Tierra? ¿Se reproducirá la Tierra? ¿Morirá la Tierra alguna vez?

¿En qué estado se encuentran los conocimientos actuales frente a estas preguntas?

Los avances tecnológicos han hecho posible efectuar investigaciones bastante avanzadas en este campo en el mismo planeta Tierra, así como también observaciones del comportamiento de los diferentes cuerpos que componen el universo, tales como los demás planetas, las estrellas, etc.

Los estudios que se han realizado con respecto al fenómeno del vulcanismo, por ejemplo, han demostrado que la Tierra es un cuerpo en actividad constante. La observación del comportamiento de otros cuerpos celestes y de las explosiones estelares ha hecho posible la recolección de informaciones que pueden ayudar a esclarecer en un futuro próximo el origen de nuestro planeta, hoy, en verdad, oscuro y aún inexplicado por teorías que no ha sido posible comprobar.

En vista de todo esto, ¿cómo tratar la Tierra?

La lección que puede extraerse de esos hechos es que cualesquier acciones humanas sobre la Tierra reciben respuestas de la Tierra. Estas respuestas involucran una cadena de relaciones entre los elementos que componen el medio ambiente, incluido el hombre mismo. Como todos los hombres tienen algún conocimiento de su medio ambiente y ningún hombre es poseedor de todo el conocimiento sobre el medio ambiente; y como todos los hombres necesitamos relacionarnos con la Tierra para crear las condiciones necesarias para nuestra supervivencia, la mejor manera de relacionarnos con la Tierra es aprovechando al máximo el conocimiento de todos los seres humanos que sea posible al decidir nuestras acciones sobre la Tierra.

3. Conservación, transformación, desarrollo

Para sobrevivir, es preciso que nos las entendamos con la Tierra, con los demás animales y con los hombres.

Todos estos elementos de nuestro medio ambiente están interrelacionados y todos responden a nuestras acciones.

Podemos tratar con ellos de diferentes maneras: conservándolos o transformándolos.

De modo general, observamos que hay personas que lamentan las transformaciones y valoran el pasado, las cosas como eran antes de las transformaciones. Se acostumbra calificar de *conservadoras* a estas personas por ser contrarias a los cambios.

Por otra parte, observamos que muchas personas valoran todas las innovaciones por considerarlas actuales y modernas, y juzgan que son sinónimos de desarrollo. Se acostumbra llamar *avanzadas* a estas personas por su identificación con el progreso.

De hecho, lo que salta a la vista es que el *cambio* es un proceso incesante. Como ya dijimos, *la transformación es un principio de la vida*. Sin embargo, aceptar el cambio ¿significa que no se debe conservar nada y que toda transformación implica progreso y desarrollo?

Aquí es justo y necesario detenernos ante el significado de cada una de estas palabras.

¿Qué es conservar? Es preservar, no destruir.

¿Qué es transformar? Es hacer cambiar, modificar, dar nueva forma.

¿Qué es desarrollo? Es el acto o efecto de desarrollar. Desarrollar, a su vez, es sinónimo de *hacer crecer, hacer aumentar*.

La explicación de cada una de estas palabras exige que se formulen algunas preguntas al utilizarlas en situaciones concretas de nuestras vidas.

Si conservar es preservar, no destruir, tenemos que preguntarnos: ¿qué hay que preservar en una situación dada y por qué?

Si transformar es dar nueva forma, modificar, tenemos que saber: ¿qué hay que modificar en una situación dada y por qué?

Si el desarrollo es el acto o efecto de desarrollar, y desarrollar quiere decir *hacer aumentar o crecer*, es preciso preguntarse ¿qué es lo que debe crecer (tanto las cosas malas como las buenas pueden crecer o aumentar, como, por ejemplo, la pobreza o la riqueza), para quién debe crecer, quién deja de ser afectado por ese crecimiento (siendo beneficiado o perjudicado por ello)?

Todas las causas son seguidas de efectos. Como los elementos que componen el medio ambiente están interrelacionados y reaccionan unos en relación con los otros, es muy difícil controlar todos los resultados de un cambio de manera que todos ellos sean benéficos. Un ejemplo puede aclarar estas consideraciones. Un sistema de trabajo que garantiza un gran aumento del volumen de producción garantizando una mayor disponibilidad de los bienes para la satisfacción de las necesidades de la población, como es el caso del sistema de fabricación en serie y de las líneas de montaje, les ocasiona, por otra parte, problemas a quienes trabajan directamente en estas líneas, como la monotonía, el desinterés (por la pérdida de una visión general de su trabajo), problemas de salud física (provocados por tener que hacer los mismos movimientos físicos a lo largo de todo un día de trabajo), aparte de que no se ha resuelto aún el problema del acceso de la población a los bienes producidos. Si en el siglo xix, cuando aún no existía la fabricación en serie, el problema del mundo había sido la insuficiencia de bienes para el abastecimiento, en el siglo xx se asistió a un mundo abarrotado de producción, pero sin resolver el problema de la distribución de esta producción o del acceso de las personas a los bienes producidos. ¡Al lado de una enorme capacidad de producción, miserias extremas!

Si aplicamos las preguntas a las que nos referimos atrás a esta situación, tenemos:

a.   ¿Qué habría que modificar y por qué? El sistema de producción, ya que el volumen de bienes producidos era insuficiente para la satisfacción de las necesidades de la totalidad de la población, y también el sistema de distribución de los bienes.

b.   ¿Qué fue lo que creció y para quién creció? Creció el volumen de bienes producidos; creció para los fabricantes y para las personas que podían adquirirlos, siendo, sin embargo, inaccesibles para un enorme contingente poblacional que continuó sin la posibilidad económica de adquirirlos.

c.   ¿Qué había que conservar, preservar? El bienestar físico y mental, responsable de la salud de los trabajadores directamente involucrados en el trabajo de producción en la línea de montaje, con respecto a los movimientos físicos por efectuar y a la comprensión (bienestar psíquico) de su trabajo dentro del todo de la producción. Una cosa es que yo sepa y sienta que estoy produciendo una nevera, y otra muy distinta es sentirme el simple presionador de un botón que hace que una máquina enrosque tuercas en un motor.

¿Significa esto, efectuando un balance general, que, en nombre de la salud física y mental de los trabajadores directamente involucrados en la línea de montaje, el proceso de industrialización no debería haber dado este paso? Pero el aumento de la capacidad de producción de bienes para hacerla compatible con las necesidades poblacionales ¿acaso no cuenta?

En la lógica (o modo de pensar) capitalista, lo que cuenta es el lucro, objetivo sobre el cual se asienta este sistema de producción. Mayor capacidad de producción significa mayor posibilidad de lucro,

En una lógica humanista, lo que importa es el ser humano. Si existen seres humanos directamente afectados de manera negativa en este sistema, como es el caso de los obreros, éste es inadecuado, sin importar el número de seres humanos que potencialmente podrían beneficiarse de este sistema.

En una lógica ambientalista, o sea, en la perspectiva del medio ambiente, lo que importa es el conjunto de aspectos involucrados en cualquier transformación o cambio, destacándose en particular los que tienen que ver con el ser humano, por el hecho de ser él:

a.   el único elemento del medio ambiente capaz de intervenir de manera deliberada y racional sobre su propio medio (en el que está incluido en su calidad de animal que también está expuesto a los resultados de dichas intervenciones);

b.   el único elemento del medio ambiente que posee el conocimiento y, por lo tanto, el poder de interferir con ese medio;

c.   poseedor de tan sólo una fracción de ese conocimiento, por más especialista que pueda ser en determinado tema; es un hecho confirmado hasta la saciedad por las Ciencias Humanas que ningún hombre posee todo el conocimiento o toda la cultura sobre determinado aspecto de su mundo.

No es casualidad que este modo de pensar ambientalista haya comenzado a ganar espacio en el mundo entero durante el siglo xx.

La lógica humanista es la más antigua de estas tres, habiéndose generado en el ámbito europeo desde la caída del Imperio Romano (siglo v) hasta el siglo xv; de allí se expandió al continente americano y por ende a Colombia en los siglos xvi y siguientes. En los siglos xv y xvi, las navegaciones abrieron grandes posibilidades de comercio e intensos contactos con culturas radicalmente diferentes de las europeas. La figura de los navegantes comerciantes de éxito y la posibilidad de grandes ganancias comenzaron a minar la lógica humanista.

En general, el modo humanístico de pensar se asocia a la moral cristiana y a la actuación de la Iglesia como institución. Se generó durante la Edad Media europea (del siglo v al xv) y tuvo una presencia influyente durante la Edad Moderna en Europa y el continente americano (siglos xv a xviii).

Ya que en esta lógica lo que importa es el ser humano, ¿no hubo entonces problemas de naturaleza social durante tan largo período? No es eso lo que se puede observar a lo largo de la Historia.

Basta examinar el tratamiento dispensado a indios y negros en nuestro país a lo largo del período colonial y del Imperio. Basta examinar las condiciones de vida de indios y negros en el Brasil hoy en día y preguntarnos el porqué de los problemas sociales vividos por ellos, para percatarnos de que las raíces históricas de estos problemas se remontan a un período en que la lógica humanista tenía aún una fuerza significativa. Sin embargo, ésta era ejercida a favor de unos y en detrimento de otros. Así había sucedido también durante la Edad Media europea, cuando la vida de los siervos se daba en condiciones muy precarias. En la Edad Moderna, al lado de la lógica humanista fue adquiriendo cuerpo la lógica capitalista.

La Revolución Industrial en Inglaterra (siglo XVIII) y la Revolución Francesa (1789-1815) fueron los *tiros de gracia* para la hegemonía del modo humanista de pensar.

La lógica del lucro, el modo capitalista de pensar que había venido cobrando fuerza desde el siglo XV alcanza ahora su apogeo.

Los siglos XIX y XX están marcados por la hegemonía de esta forma de pensar en el mundo occidental.

Toda la historia del mundo americano está marcada por esta lógica.

La historia del Brasil en los años 50 está marcada por una política de industrialización en aras del desarrollo. Debido a las estrategias desarrollistas del gobierno del presidente Juscelino Kubitschek de Oliveira (1955-1959), las industrias instaladas aquí importaban maquinaria y equipos, remitían al exterior las ganancias, realizaban empréstitos en el exterior y pagaban intereses por esos empréstitos. Los años 60 y 70 estuvieron marcados por teorías desarrollistas y de modernización, según las cuales la industrialización era la clave para la conquista del bienestar general. Esta estrategia fue responsable de la acentuación de nuestra dependencia tecnológica con respecto al extranjero (maquinaria y equipos), lo cual, a su vez, acentuó la dependencia económica (fuga de ganancias, intereses de empréstitos). La dependencia económica acrecienta la dependencia política (los representantes del capital extranjero en el país pasan a influir de manera creciente en las decisiones de nuestra política interior).

Si aplicamos a estos hechos nuestras tres preguntas, tenemos:

a. ¿Qué habría que modificar y por qué? La dependencia económica; la falta de una industria como base productora de bienes; éramos un país agroexportador; teníamos que convertirnos en un país industrial; era preciso reducir las importaciones.

b.   ¿Qué fue lo que creció y para quién creció? El gobierno de Juscelino Kubitschek, por medio de su Plan de Metas, invirtió en el sector público (construcción de carreteras, construcción de Brasilia, etc.) y en la industria de base: nuevas siderúrgicas (Usiminas y Cosipa); en la ampliación de la capacidad productiva de Petrobrás, en la construcción de nuevas centrales hidroeléctricas, en la expansión del sector productivo de bienes durables de consumo para satisfacer las necesidades de la población y así reducir las importaciones. Para lograr el montaje de industrias productoras de bienes durables de consumo, el gobierno tuvo que permitir la importación de maquinaria y equipos con la única exigencia de que los países de donde éstos proviniesen se asociaran al capital nacional. Era la internacionalización de la economía.

Grandes empresas internacionales transfirieron al Brasil su tecnología; eran industrias de elctrodomésticos, artefactos electrónicos, algunas industrias de maquinaria, equipos y comunicaciones, y principalmente la industria automotriz: Volkswagen (inversión alemana), Simca (francesa), Willys Overland (norteamericana). Gracias a esto, hubo una gran activación de la economía. Fueron los *cincuenta años en cinco* prometidos por el gobierno JK. ¿A quién benefició este crecimiento? Los nuevos ramos industriales no absorbieron toda la mano de obra disponible. Sus beneficios se extendieron a los mismos industriales (burguesía) y a las clases medias (de renta alta y media, como ingenieros, analistas, técnicos), únicos que tenían acceso a las nuevas maravillas de la industria moderna. Las clases trabajadoras tuvieron una participación cada vez menor en los beneficios. De 1955 a 1959, las ganancias industriales (de los empresarios) aumentaron un 76% y la productividad del país aumentó un 35%, mientras que el salario mínimo aumentó un 15%. Además, el capital extranjero controlaba la industria del país. En 1961, de las 66 empresas de mayor concentración de capital, tan sólo 19 pertenecían a grupos privados nacionales. El capital extranjero controlaba la industria de tractores (99,8 % de ellas), automotriz (98,2%), de cigarrillos (85%), farmacéutica (88%), de electricidad (82%), de maquinaria (70%), química (76%), etc. La dependencia económica acentuaba la dependencia política (los representantes del capital extranjero llegaron a influir cada vez más en las decisiones de nuestra política interna).

c.   ¿Qué habría que preservar? El bienestar de toda la población, suministrándoles empleo a todos y salarios dignos; la autonomía, la soberanía del país para estar en condiciones de negociar en condiciones de igualdad con los demás países del mundo. Cabe preguntar a estas alturas: ¿cómo preservar eso? ¿Gozábamos de esa autonomía antes de la política desarrollista implementada en los años JK? Si no gozábamos de autonomía, contábamos, sin embargo, con una menor dependencia, con un menor número de representantes del capital extranjero entrometiéndose en nuestra economía y buscando obtener ganancias para sus países y no para el nuestro. Los años 70 y 80 desnudan el rostro cruel del desarrollismo. Los efectos adversos de la dependencia son vigentes hasta el día de hoy. Las acciones industriales indiscriminadas contaminando con sus detritos los ríos y la atmósfera y el empobrecimiento creciente de enormes contingentes poblacionales que contribuyen a degradar aún más el medio ambiente son consecuencias directas de esta forma de desarrollismo y de industrialización no comprometidos con los problemas de nuestra población. Las precarias condiciones educativas, higiénicas y de salud, reveladoras de un Estado vuelto hacia políticas económicas beneficiadoras de otros más que hacia políticas sociales beneficiadoras de nuestra población, explican, por otra parte, la ignorancia y el uso inconsecuente e inadecuado del medio ambiente por parte de la población en general, y la ausencia de una exigencia organizada de los sectores más afectados de la población, de conductas correctas de los mayores responsables de la degradación ambiental.

Fue por la vía de los efectos adversos del *desarrollo* como se logró, a finales del siglo xx, la comprensión de que las transformaciones debidas al desarrollo:

a.	no afectan a toda la población de la misma manera;

b.	no son todas benéficas.

Este fue el momento propicio para lograr una visión de conjunto de los procesos de transformación, que hizo posible el surgimiento de la lógica ambientalista*.

---

*	Se refiere al Brasil, así como el siguiente ejemplo, que no hemos modificado ni adaptado a Colombia, como lo hemos hecho en otros casos, por ser sobradamente ilustrativo de lo que la autora viene tratando. (*N. del E.*)

4. Toda acción humana es interesada

En el presente coexisten tres modos de pensar: el de la lógica humanista, el de la lógica capitalista y el de la lógica ambientalista, aunque con un evidente predominio del segundo.

La *lógica humanista* sigue siendo defendida por grupos relacionados de modo general con la institución eclesiástica (que tienen por interés principal la satisfacción de las necesidades del ser humano); la *lógica capitalista* es la que ha venido orientando la organización política y económica de los Estados del mundo occidental, a los que se fueron sumando, durante la década de los 90, diversos Estados del mundo oriental, y es defendida por los empresarios (comerciantes, industriales, latifundistas y banqueros); la *lógica ambientalista* ha venido abriéndose un espacio en la medida en que los problemas resultantes de las transformaciones desencadenadas con objetivos desarrollistas comienzan a:

a.   amenazar y comprometer incluso el funcionamiento mismo del sistema capitalista de producción; es decir que llegan a comprometer el lucro que es su principal interés;

b.   hacer imposibles, inviables, las condiciones mínimas de vida y supervivencia compatibles con la dignidad del ser humano para la mayoría de la población en países como los del Tercer Mundo, permitiendo el crecimiento de la miseria y de la ignorancia.

Por estas razones se da una mezcolanza de los atraídos por este modo ambientalista de pensar y los adeptos de la lógica humanista, con los adeptos de la lógica capitalista.

¿Cómo es posible entender ese hecho?

Aun cuando los dos bandos tengan diferentes intereses, ambos se encuentran insatisfechos, si bien por diversos motivos.

El interés es el resorte, el motivo, la razón de ser de la acción humana. El ser humano toma decisiones, emprende cosas, lleva a cabo realizaciones, para alcanzar determinados fines; todas sus empresas pretenden ciertos fines; es decir: toda acción humana es interesada. Toda acción humana tiene un objetivo. Esta capacidad de definir objetivos, tomar decisiones, escoger rumbos, tiene que ver con la capacidad política del ser humano. (Cuando se habla de política, se piensa por lo general sólo en *política partidista* y en las políticas públicas de una nación. La palabra *política* hace referencia al poder, es decir, a la capacidad de tomar decisiones, de crear normas de comportamiento. Todo ser humano posee esta *capacidad política* que, a decir verdad, es su *capacidad o poder de crear significados* y de guiarse por ellos en la vida. En este sentido, toda acción humana es una acción política.)

Así pues, las acciones orientadas por cualquiera de las tres lógicas que hemos mencionado son acciones políticas, es decir, son acciones interesadas, orientadas hacia determinados fines e involucran decisiones.

Aunque los intereses de la lógica humanista sean, a primera vista, más digámoslo así simpáticos, ya vimos que en su nombre se llevaron a cabo acciones que desembocaron en perjuicios para muchos seres humanos.

El interés de la lógica capitalista es, tras un primer vistazo, el más desagradable y antipático, porque se vuelca directamente sobre el lucro. Sin embargo, teniendo siempre como meta la maximización de las ganancias, la lógica capitalista impulsó la investigación y la producción del saber especializado. Las actividades científicas pasaron desde finales del siglo xix por un enorme desarrollo. El siglo xx fue espectador de una verdadera revolución tecnológica, sin precedentes en la historia, que no nos deja ver aún con claridad cómo será nuestro futuro inmediato, tal es la velocidad que este mismo avance tecnológico le imprime a la producción misma de nuevos conocimientos. Los descubrimientos e inventos que son consecuencia de éste han tenido efectos contradictorios. Si por una parte han hecho posible la expansión de la mentalidad de lucro, por otra han implicado mejoras en las condiciones de la vida humana, como en el área de la salud, de las comunicaciones y de los medios de transporte, para citar apenas unos ejemplos. Tales mejoras han sido responsables por transformaciones que, así parezca extraño, han repercutido negativamente sobre la capacidad de generar lucro alcanzada por el sistema de producción. Así es como el aumento del promedio de vida de la población acaba por ser responsable de la extensión de la miseria a un mayor contingente poblacional. Este aumento del promedio de la duración de la vida en años es consecuencia tanto de investigaciones orientadas por intereses capitalistas cuanto de políticas sociales orientadas por la lógica humanista.

¿Por qué lógicas tan divergentes han desembocado en resultados similares y conflictivos?

La lección que hay que sacar de esta constatación se aclara a partir del análisis de los datos.

Detengámonos en dos detalles*: la colonización del Brasil y la política desarrollista de los años JK.

¿Cuál era el interés de los jesuitas al catequizar a los aborígenes enseñándoles la religión católica? ¿Cuál era el interés del Estado portugués en relación con los aborígenes?

El avance en los conocimientos náuticos puso a una sociedad (la portuguesa) que ya conocía el modo urbano de vida y vivía una economía de mercado (producción para el intercambio, con miras a obtener lucro) en contacto con otra sociedad, que se organizaba en comunidades rurales y vivía una economía de subsistencia (que apenas se preocupaba por la satisfacción de sus necesidades).

El extrañamiento y la sorpresa ante modos de vida tan diferentes llevan a los portugueses a atribuirle un significado superior a su propio modo de vida.

¿Qué les interesaba en aquella gente extraña?

Les interesaba el hecho de que conocían las minas de metales preciosos (los cuales utilizaban en sus adornos), con lo cual podrían aumentar las riquezas y ganancias de los portugueses.

¿Y qué decir de los jesuitas, portadores de ideales humanistas, pero que al cristianizar a los indios tanto contribuyeron a implementar la lógica capitalista? Convencidos de sus creencias, aquellos sacerdotes estaban convencidos de que la inocencia de los valores de los nativos (con todas las desventajas que implicaba) se vería compensada con la adquisición de la moral cristiana.

---

* Desde aquí el ejemplo brasileño al que nos referimos en la nota anterior. (*N. del E.*)

Centrados en su propia cultura, colonizadores y jesuitas trataron etnocéntricamente con esta diferencia.

¿Y los aborígenes? ¿Qué interés tenían en dejarse colonizar y en servir, en alguna medida, a los colonizadores? Quizás percibieron la radical diferencia tecnológica existente entre los dos pueblos. Mientras que los portugueses tenían embarcaciones gigantescas comparadas con las suyas y que se perdían de vista mar adentro, sus canoas apenas desarrollaban una navegación costera; sus herramientas y armas resultaban toscas ante los cuchillos, machetes y hojas de metal del pueblo recién llegado; utensilios comunes y corrientes para los portugueses, como el espejo, eran para los aborígenes novedades revolucionarias que hacían posible el conocimiento del propio cuerpo, lo que hasta entonces había sido inimaginable. La docilidad con que se prestaron a los contactos iniciales permite concluir que les atribuían a los recién llegados una superioridad cultural a la cual querían llegar. Centrados en los valores comunitarios de su cultura, también trataron etnocéntricamente con la diferencia. La predominancia de la lógica capitalista tuvo como resultado las consecuencias vividas hasta hoy por la población indígena brasileña.

Así se hace evidente que la posibilidad de poner en práctica la capacidad política del ser humano (el poder de tomar decisiones) no se ha distribuido de manera igualitaria a lo largo de la Historia. Unos, más que otros, han participado del ejercicio del poder. La preponderancia tecnológica es lo que ha permitido este desempeño desigual, garantizándole la mejor parte al poseedor de la tecnología.

Analicemos ahora la política desarrollista de los años JK.

¿Cuál era el interés de los países extranjeros al invertir sus capitales y montar sus fábricas en el Brasil? La posibilidad de expandir su economía, en vista de la existencia de mano de obra barata y abundante, del envío de las ganancias al exterior y de los incentivos (ayudas) ofrecidos por el gobierno brasileño.

Ya vimos que el interés del Brasil al incentivar tal modelo de desarrollo era dinamizar, activar la economía brasileña, con el objetivo de alcanzar un bienestar general y superar la situación de dependencia económica en la que nos encontrábamos.

El valor conferido por la lógica capitalista al desarrollo de la ciencia, con el consiguiente prestigio atribuido a la tecnología, puso en manos de los técnicos y de los especialistas un gran poder de decisión, es decir, un gran poder político.

Centradas en los valores tecnológicos, las sociedades capitalistas siguen tratando etnocéntricamente con sus asuntos y enfrentando los problemas contemporáneos ya citados.

De manera general, cuando se enfocan los intereses de las partes involucradas en alguna realización, se tiene la impresión de encontrarse ante una historia de *buenos* y *malos*. Sin embargo, éste es un enfoque maniqueísta del interés que descarta el hecho inevitable de que *toda acción humana es interesada*.

La lógica ambientalista, al admitir una visión del mundo como un amplio y diversificado conjunto de elementos (de los reinos vegetal, animal y mineral) interrelacionados, poniendo especial énfasis en el ser humano y en nuestra vida social al analizar los problemas actuales del medio ambiente, va más allá que las lógicas humanista y capitalista, poniendo de relieve que:

a. la actitud etnocéntrica en la resolución de los problemas ha venido siendo responsable por la parcialidad de los resultados alcanzados por una u otra de estas visiones del mundo;

b. la desigual distribución entre los hombres de la posibilidad del ejercicio del poder empobrece la realización de los intereses buscados, toda vez que ningún ser humano es poseedor de toda la cultura, o sea, de todo el conocimiento que tiene su sociedad sobre determinado asunto (ni los técnicos ni los especialistas), del mismo modo que todo ser humano es poseedor de cultura en alguna medida y de un potencial de colaboración en la resolución de problemas que sean de su interés aunque no sean de su especialidad;

5. ¿Cómo hacer valer nuestros intereses?

La política tiene que ver con el poder. Poder de tomar decisiones, de crear normas de comportamiento, de crear significados para las cosas y las acciones.

La manera ambientalista de pensar el mundo indica la necesidad de la participación amplia y diversificada de las personas en las tomas de decisiones. Recomienda la distribución amplia del ejercicio del poder político entre las personas. Como todos los elementos del medio ambiente están interrelacionados, los efectos de cualquier acción humana repercuten mucho más allá del lugar donde se produce, afectando a los más diversos tipos de grupos sociales. Al ampliar la participación social en el ejercicio político, es posible ampliar y mejorar la previsión de los efectos.

En el modo capitalista de pensar el mundo, son los técnicos y los especialistas en cada campo quienes deben pensar en estos efectos y:

a.   definir las decisiones que tengan menos efectos nocivos;

b.   definir las formas de tratar con los efectos menos satisfactorios.

Los excluidos de estas decisiones son afectados por sus efectos y reaccionan a ellos, colaborando cuando sean de su interés, dificultándolas o incluso impidiéndolas cuando sean contrarias a sus intereses.

En la lógica capitalista se les atribuye a los técnicos el poder político. Sin embargo, los excluidos de éste (la población en general) también ejercen su poder político mediante sus reacciones. El hombre, en su calidad de animal creador, es esencialmente un *ser político*. Lo que se observa es que, sea cual sea la lógica que se adopte en una situación dada, lo máximo que se logra es *desviar* la participación política de una población, jamás detenerla o extinguirla.

Un ejemplo de esto es la Comisión Regional de los Afectados por las Represas, en el Brasil. A finales de la década de los 70, cuando la Electrosul divulgó su intención de construir 22 instalaciones en la cuenca del río Uruguay, se inició un movimiento popular en la región, opuesto a su construcción. Este movimiento tuvo como resultado la creación en 1979 de dicha comisión, la cual articuló la oposición de la población rural a la construcción e instalación de aquéllas.

Los técnicos pertenecientes a las constructoras comprendieron rápidamente la necesidad de satisfacer en alguna medida el interés de los descontentos a fin de poder sacar adelante sus propios intereses.

Lo que la realidad ha enseñado es, pues, que desplazar la amplia participación política del momento de la resolución de problemas que son consecuencia de decisiones tomadas por pocos (y que afectan a muchos) al momento de la *toma de decisiones* puede ser una manera adecuada de:

a.   refinar las interferencias humanas en su medio ambiente, aumentando la capacidad de previsión de efectos negativos,

b.   prevenir desgastes inútiles de energía humana;

c.   transformar en compromisos las decisiones tomadas.

La población ha venido siendo llamada a participar en la solución a los efectos de las acciones.

¿Por qué no participar en las etapas anteriores, cuando se estudian las conveniencias e inconveniencias de las acciones que se pretende llevar a cabo? ¿No tenemos interés en ello? No es lo que han demostrado las reacciones a los efectos de las acciones decididas arbitrariamente, sin consulta popular.

En verdad, no hemos sabido defender nuestros intereses en los momentos precisos. Hemos dejado de ejercer nuestro poder político, hemos dejado que las cosas sucedieran. Después, no nos queda más que atenernos a los resultados.

¿Por qué ha acontecido esto?
Porque *saber* defender nuestros intereses pasa por la necesidad de un aprendizaje.

A participar se aprende participando.

¿Participando en qué? ¿Cuándo? ¿Cómo? ¿Dónde?
Hemos sido llamados a participar en acciones para dar remedio a efectos problemáticos. Aparte de ser una participación necesaria por tener relación directa con intereses inmediatos de nuestras vidas que están siendo amenazados, ésta es una oportunidad de aprender que no puede desperdiciarse. En el curso de estas participaciones vivenciamos el *ejercicio de la ciudadanía*.

Pero éstas no son las únicas situaciones en las que se puede aprender a *ejercer la ciudadanía*.

La ciudadanía se refiere al conjunto de derechos y deberes que cada individuo tiene por haber nacido en determinado país.

El ejercicio de la ciudadanía, es decir, el ejercicio político del ciudadano se refiere a comportamientos que desarrollamos para lidiar con esos derechos y deberes.

Todo esto se va aprendiendo cuando se participa en acciones para solucionar problemas que nos afectan a nosotros y, por lo tanto, a nuestro medio ambiente.

Por eso, es posible, necesario y aconsejable que aprendamos a ejercer nuestra ciudadanía a lo largo de nuestra vida cotidiana, a través de los comportamientos por intermedio de los cuales nos relacionamos con las personas en nuestro trabajo, en nuestra vida familiar, etc.

La creación/construcción de los derechos es orientada por las necesidades que sienten las poblaciones en los diferentes espacios que ocupan, para poder realizar, en cada momento de la Historia, las actividades indispensables y esenciales para el mantenimiento de la vida y el bienestar humanos. La transformación de las necesidades en derechos/deberes depende de la capacidad de organización y participación conjunta de las personas para tratar con sus necesidades.

El desarrollo de esta capacidad de organización exige conocimientos.

Para ejercer la ciudadanía, es preciso, antes que todo, conocer nuestros derechos y deberes. Los derechos y deberes no son los mismos en todos los países del mundo y no han sido los mismos a lo largo del tiempo. Han sido construidos por los hombres a lo largo de la Historia. Es cosa reciente en nuestros países hablar del derecho al transporte, del derecho a la canasta familiar, de los derechos del consumidor. Éstos revelan necesidades enfrentadas por los habitantes de los países del Tercer Mundo, y que son consecuencias del deterioro de la calidad de vida en estas regiones.

Por lo tanto, el conocimiento de los derechos y deberes del ciudadano, y de su historia y de su construcción, es importante para que podamos desarrollar nuestras acciones en defensa de nuestros propios intereses en los momentos en que sea más importante para nosotros y no solamente cuando se nos llame a resolver problemas que son consecuencias de acciones que no decidimos.

¿Dónde y cuándo adquirir dichos conocimientos?
Este aprendizaje debe comenzar temprano en nuestras vidas, y un lugar importante donde podrá desarrollarse es, entre otros, la escuela.

6. El alumno y la conciencia ambiental

La escuela es un lugar entre otros (familia, trabajo, club, iglesia, etc.) donde no sólo los alumnos sino también los profesores ejercen su ciudadanía, es decir, se comportan en relación con sus derechos y deberes.

Existen los derechos y deberes del niño y del adolescente, garantizados en la Declaración Universal de los Derechos del Niño.

¿Los conoce usted?
Existen las escuelas *reales*, *concretas*, con sus maneras de ser, sus formas de organización, sus formas de ocupar el medio ambiente y de crear su propio medio ambiente.

Y existe usted dentro de esas escuelas, viviendo sus derechos y deberes de determinada manera, haciendo y participando del medio ambiente escolar. ¿Cómo es el medio ambiente de su escuela? ¿Cuáles son sus aspectos positivos? ¿Cuáles son las necesidades y problemas que usted, alumno, siente en él? ¡Obsérvelos! ¡Intercambie observaciones con sus compañeros!

¿Y cómo se relaciona su escuela con el medio ambiente más amplio dentro del que está localizada, como, por ejemplo, el barrio, y aun con las cuestiones ambientales de actualidad? ¿Cómo se manifiestan estas cuestiones ambientales de actualidad en su escuela?

¿Ya se ha puesto usted a pensar en esto?
Por lo general se atribuyen los problemas a la dirección, a los profesores, en fin, a los demás.

Como todos tenemos que ver con el medio ambiente, nadie puede, por sí solo, solucionar nada.

Por consiguiente, nada se gana con atribuirles a los demás la responsabilidad de los hechos. Ellos no cambiarán en absoluto por esto, pues, en general, tenemos poco poder, es decir, poca capacidad política de cambiar a *los demás*.

Pero ¿y en lo que se refiere a nosotros mismos?
Nuestra capacidad política, es decir, nuestro poder de actuación aumenta cuando lo ejercitamos con nosotros mismos. Si todos tenemos que ver con el medio ambiente, ¿qué tal si tratamos de descubrir qué tienen que ver los actos y comportamientos de cada uno de nosotros en relación con los distintos *medios ambientes* en los que vivimos? ¿Qué tal si aunamos nuestros esfuerzos en el sentido de enfrentar en conjunto las necesidades y los problemas experimentados por nosotros en los medios ambientes inmediatos a los que pertenecemos? ¿Qué tal si descubrimos nuestra capacidad de participación, actuación e interferencia con los problemas que nos afligen directamente por medio de acciones organizadas? Si, a fin de cuentas, cambiar a los demás es tan difícil, ¿no sería más fácil comenzar por nosotros mismos? ¿Qué tal si nos desafiamos a ejercer nuestras ciudadanías en los espacios en los que vivimos? A fin de cuentas, ¿es o no la escuela el espacio del alumno?

¿Qué se necesita para comenzar este proceso?

Son necesarios algunos conocimientos y experiencias, tales como:

a.   adquisición de conocimientos sobre:

- los derechos y deberes que la ley nos garantiza;
- los derechos y deberes que se hacen necesarios en la actualidad;
- cómo es el medio ambiente inmediato (donde vivo);
- cómo se relaciona este medio inmediato con el medio ambiente amplio;
- cuál es el papel del hombre en la transformación del medio ambiente;
- cómo construir nuevos derechos y deberes;

b.   vivencia de experiencias tales como:

- organización y participación en comisiones de la escuela que tengan por finalidad conocer el medio ambiente y actuar en

> pro de la preservación del mismo, y/o que busquen soluciones para los problemas hallados,
>
> - participación en experiencias sociales organizadas que aborden problemas relativos a derechos y deberes del ciudadano y a la calidad de vida que tenemos. Una cosa es leer y aprender de memoria los derechos y deberes definidos en la Constitución. Pero un paso más allá es poder intercambiar ideas sobre estos derechos y deberes y sobre las necesidades que se sienten en nuestra realidad. La tecnología avanzada de la actualidad llega hasta el punto de permitirles a estudiantes como usted intercambiar ideas con estudiantes de otros países acerca de la cuestión ambiental por medio de una red escolar internacional de computadores. El objetivo de todo esto, sin embargo, es que nos reunamos de una manera organizada con las personas con quienes compartimos el medio ambiente, con una finalidad determinada: mejorar nuestra calidad de vida. Ésta será siempre la que seamos capaces de construir.

Nuestra capacidad de construir depende de nuestra conciencia ambiental. Ésta se forma en el curso de nuestra participación, es decir, en el curso del ejercicio de nuestro poder como ciudadanos.

Es preciso que desarrollemos nuestra ciudadanía para procurarnos el medio ambiente que merecemos.

¿Vamos a desarrollar nuestra ciudadanía?
¿Vamos a desarrollar nuestra conciencia ambiental?
¿Vamos a desarrollar nuestra calidad de vida?

Ésta es una exigencia del siglo XXI.

¿Vamos a comenzar por nuestra escuela?
¿Vamos a comenzar por nosotros mismos?

Apéndice

Secciones coordinadas: Sugerencias metodológicas

Este apéndice es una tentativa de concretar en alguna medida las consideraciones metodológicas presentadas en el capítulo 4.

Cada sección coordinada corresponde a una opción de trabajo que se les propondrá a los aspirantes a profesores para el desarrollo de temas teóricos enfocados por los textos contenidos en el capítulo 5 y para la utilización de los mismos en proyectos realizables por la escuela.

Creemos que la experiencia y la creatividad del profesor ramificarán esta opción en muchas otras utilizando sus propios recursos y conocimientos.

Sección coordinada 1: Tema 1

Pregunta para los alumnos:

¿Conoce usted su medio ambiente?
La mejor manera de verificar esto es intentando responder esta pregunta. Una manera interesante de hacerlo es como sigue.

1er momento: trabajo individual
Indicar los límites del medio ambiente que usted identifica como el suyo; en otras palabras, decir dónde queda e inclusive intentar localizarlo en un mapa;

A continuación, hacer una lista por escrito de los elementos que componen este medio delimitado por usted.

2º momento: en grupos
a.   cada grupo deberá analizar las respuestas individuales de cada uno de sus miembros y sacar conclusiones acerca de los límites y la localización de su medio ambiente;

b.   elaborar una única lista de los elementos de su medio, a partir de las listas individuales.

3er momento: toda la clase
El coordinador:
*   le pide a cada grupo que presente el espacio identificado;
*   compara los espacios delimitados;
*   interroga sobre las relaciones existentes entre los espacios enfocados y los demás que los rodean;
*   le pide a cada grupo presentar su lista de elementos y elabora una lista única, en conjunto con toda la clase.

4º momento: en grupo
Los alumnos deberán clasificar cada elemento de la lista única en:
*   elementos producidos, preservados o transformados por el hombre;
*   elementos no producidos, preservados o transformados por el hombre.

5º momento: toda la clase
El coordinador:
*   anota en el tablero las clasificaciones de los elementos;
*   discute y analiza con el grupo los elementos en cuya clasificación no hubo unanimidad;
*   pide que cada uno escriba, individualmente, *qué es el medio ambiente*.

6º momento:
lectura individual del texto 1: *¿Conoce usted su medio ambiente?*
*   retomar la respuesta anteriormente elaborada para la pregunta y ver qué queda y qué cambia.

Sección coordinada 2: Tema 2

Pregunta para los alumnos:
¿Está viva la Tierra?

1er momento: individual
escribir, en no más de cinco renglones, *qué es vida*;
dar ejemplos de diferentes tipos de vida (máximo cinco ejemplos).

2º momento: en grupo
*   comparar las respuestas dadas a la pregunta 1, discutirlas y escribir una respuesta del grupo;
*   tomar conocimiento de los ejemplos y elaborar una lista con los ejemplos del grupo.

3er momento: toda la clase
El coordinador:
1. Pide que cada grupo lea su respuesta a la pregunta 1 y las fija, una después de la otra, en un pliego de cartulina, a la vista de toda la clase.
2. Solicita los comentarios que provocan las respuestas anotadas.
3. Coordina la elaboración de una única respuesta a partir de los elementos presentes en las respuestas grupales.
4. Solicita a cada grupo la presentación de la lista de ejemplos de tipos de vida y las pone en el tablero.
5. Coordina la elaboración de una única lista que incluya todos los ejemplos presentados.
6. Solicita a la clase la observación y el análisis de la única lista buscando esclarecer los siguientes datos:
*   ¿a qué reinos de la naturaleza pertenecen los ejemplos citados?
*   ¿son de un mismo tipo los seres vivos existentes en cada reino de la naturaleza?

4º momento: en grupo
El coordinador le reparte a cada grupo el nombre de un ser vivo de la lista, teniendo cuidado de presentarles elementos diferentes de los rei-

nos vegetal y animal (por ejemplo, si hay cinco grupos, darle a cada cual uno de los siguientes seres, sacados de la lista: hombre, pez, ave, árbol, hierba). Cada grupo deberá responder, según el ser vivo que reciba, la siguiente pregunta:

¿qué comportamientos tienen ustedes en relación con este ser vivo?

5º momento: toda la clase
El coordinador:
1. Solicita que cada grupo presente los comportamientos descritos y que los demás grupos los anoten.
2. Tras todas las presentaciones, coordina reflexiones orientadas según las siguientes preguntas:

¿dependen uno de otro estos seres vivos?
¿dependemos nosotros de ellos?
¿cuáles son las diferencias que existen entre nuestros comportamientos en relación con cada uno de ellos?

6º momento:
1. Lectura individual del Texto 2: *¿Está viva la Tierra?*
2. Responder las siguientes preguntas, justificando cada respuesta a partir del texto.
Frente a las siguientes situaciones:
- prenderle fuego a un animal vivo;
- prenderle fuego a un sembrado;
- prenderle fuego a una extensión de tierra;
Responda:
a. ¿cómo se sentiría usted ante cada una de ellas?
b. ¿cómo se comportaría usted ante cada una de ellas?

Sección coordinada 3: Tema 3

Pregunta para los alumnos:

1er momento: individual
Usted es una persona predominantemente:
( ) conservadora;
( ) innovadora.
Justifique su respuesta con ejemplos de situaciones concretas de su vida que respalden la clasificación hecha.

2º momento: en grupo
* separar el total de respuestas en cada clasificación;
* hacer una lista con las situaciones que revelan cada una de las posiciones.

3er momento: toda la clase
El coordinador:
1. Le pide a cada grupo que presente el resultado de la separación de respuestas a la pregunta y reúne el resultado total en un cuadro en el tablero. Verifica con la clase cuál de las dos posturas es predominante.

2. Le pide a cada grupo la presentación de ejemplos de situaciones concretas de la vida que ilustren:
   a. la posición predominante;
   b. la posición minoritaria.
3. Coordina, con base en los ejemplos presentados, una reflexión sobre las siguientes preguntas:

* ¿son las posiciones conservadoras necesariamente anticuadas, atrasadas?;
* ¿son las posiciones innovadoras necesariamente progresistas y desarrolladas?

4º momento: en parejas o individual
* lectura del Texto 3: *Conservación, transformación, desarrollo.*

5º momento: en grupo
* leer con atención el texto *Caucheros y biodiversidad*, de Werner E. Zulaf;
* responder las preguntas sobre el texto de Zulaf, utilizando como apoyo el Texto 3.

Caucheros artesanales y biodiversidad

Werner E. Zulaf

Ha pasado apenas una década desde que comenzó a divulgarse la tesis del *pulmón del mundo*, que procuraba justificar el mantenimiento de la cobertura selvática de la Amazonia porque ese ecosistema sería el principal abastecedor de oxígeno para la atmósfera. ¡Tonterías! No ha habido señal alguna de modificación de los niveles de oxígeno.

Vino después la acusación de que las quemas en la Amazonia estaban causando un aumento exagerado del gas carbónico en esa misma atmósfera, con lo cual se acentuaba el efecto invernadero (recalentamiento del planeta). Fue un gran escándalo hasta que la verdad salió a flote, aclarando que el Brasil emite apenas un 2,2% de los 7.200 millones de toneladas de gas carbónico arrojados anualmente en el mundo.

Ahora la manutención de la cobertura selvática de este y de todos los demás ecosistemas naturales que quedan en el planeta se justifica con la preservación de la biodiversidad. ¡Por fin, una justificación convincente!

Para darles bienestar, medicinas y alimento a los hoy 5.300 millones de habitantes del planeta, que serán 10.000 millones de aquí a unas pocas décadas, es imprescindible que se desarrolle la biotecnología.

Cada fracción de selva o de cualquier otro sistema, transformada en tierra de pastoreo, agrícola, urbana o desértica, representa la desaparición de alguna variedad biológica que podría ser de alguna utilidad en el futuro. En este siglo se descubrió que de ciertos hongos se hace la penicilina. Ahora, otros tipos determinados de hongos saltan al primer plano por su propiedad de romper las resistentes moléculas de ciertos agrotóxicos. En la Eco-92 deberá crearse una convención internacional sobre biodiversidad.

Falta resolver el problema social de las concentraciones humanas que habitan en la selva y viven de la extracción de sus recursos. En el ámbito de la división del caucho del Ministerio de Economía se creó un grupo de trabajo para el fomento de la extracción artesanal, el cual se implementará a través de cooperativas y asociaciones de caucheros.

La semilla sembrada por Chico Mendes comienza a dar frutos en términos de acciones concretas, ya sea por las recién creadas reservas extractivas nacionales, o bien por ese nuevo programa.

El conjunto de ese y de otros programas que requiere la región tienen la responsabilidad de demostrar la viabilidad socioeconómica de los pueblos de la selva, camino indispensable para la preservación de la cobertura selvática, alternativa sostenible de preservación de la selva nativa para el consumo de estas y las futuras generaciones.

El coordinador:
Hace preguntas acerca del texto *Caucheros artesanales y biodiversidad.*

1. ¿Qué se debe hacer para preservar la biodiversidad de la selva amazónica, según Zulaf?

2. ¿Cuál es la importancia de conservar la cobertura selvática de los ecosistemas del Planeta?

3. ¿Cómo está resolviendo el Brasil el problema de los núcleos humanos que habitan en la selva y viven de la extracción artesanal?

4. Este comportamiento del Brasil, al crear *reservas extractivas nacionales,* va en el sentido de:
    ( ) transformar las relaciones sociales entre los *pueblos de la selva* y *otros grupos* interesados en la explotación de la biodiversidad;

    ( ) conservar las relaciones que existen actualmente entre los *pueblos de la selva* y los *otros grupos* interesados en la biodiversidad.

Sección coordinada 4: Tema 4

El coordinador presenta preguntas para los alumnos:

1er momento: individual

1. ¿Qué es interés?
2. ¿Existe alguna acción humana desinteresada?
3. Dé tres ejemplos de acción humana e identifique el interés que orienta cada una de ellas.
4. ¿Qué es política?
5. Dé tres ejemplos de acción política desarrollada por usted.

2º momento: en grupo
*   comparar las respuestas de las tres primeras preguntas y escribir una conclusión general del grupo para la pregunta 2;
*   comparar las respuestas a las preguntas 4 y 5 y escribir una conclusión del grupo para la pregunta 4.

3er momento: toda la clase
- el coordinador fija las respuestas de los grupos en dos pliegos de cartulina, para sacar conclusiones sobre la pregunta 4;
- invita a la clase a tomar conocimiento de ellas a través de la lectura de todas.

4º momento: por parejas
- lectura del Texto 4: *Toda acción humana es interesada.*

5º momento: en grupo
Analizar los siguientes documentos:
cuadro "Consumo de energía eléctrica en el Brasil"

Consumo de energía eléctrica en el Brasil

Sectores	Petróleo y derivados	Electricidad	Biomasa leña	Carbón vegetal
Residencial	8,8	20,0	55,6	29,5
Transporte	47,2	8,8	–	–
Industrial	13,9	57,6	15,3	63,8
Comercio y servicios	0,7	10,0	29,1	6,7
Público	0,5	(1)	–	–
Rural	6,4	2,9	(2)	(2)

(1)   Incluido en transportes
(2)   Incluido en residencial
Fuente: Revista Tempo y Presença, nº 261, ene.-feb. 1992.

Informaciones extractadas del documento: *Informe de Impacto Ambiental*, elaborado por los empresarios (es decir, por la empresa privada constructora de hidroeléctricas), en las págs. 116-7

Los intereses involucrados, en las págs. 117-20.

2)   A partir del análisis hecho, responder las siguientes preguntas:
   a.   ¿A quién le interesa la construcción de la Hidroeléctrica de Itá?

b.   ¿Qué lógica orientó la construcción de la Hidroeléctrica de Itá:

* la lógica humanista;
* la lógica capitalista;
* la lógica ambientalista.

Justifique su respuesta utilizando el texto del Tema 4 (página siguiente).

c.   ¿Cuál es el sector que más ha venido beneficiándose con la producción de energía eléctrica en el país?

d.   El mantenimiento de esta situación ¿es benéfico para la población como un todo?

e.   ¿Cuáles son los efectos para la población local de las transformaciones provocadas por la construcción de las hidroeléctricas (inundación de una gran área, alteraciones de la fauna, la flora, el clima, la vivienda, etc., aparte de las alteraciones sociales y económicas que se dan con la instalación de campamentos de obras que llevan al lugar un numeroso contingente poblacional de trabajadores con sus familias, inmigrantes y aventureros, duplicando muchas veces la población local)? ¿Qué pasa cuando se desmantelan estos campamentos?

6º momento: toda la clase
El coordinador:
Organiza la exposición, por parte de cada grupo, de las respuestas a cada pregunta y guía una reflexión conjunta sobre las mismas.

Tema 4

Información extractada del documento
Informe de Impacto Ambiental

Consorcio Nacional de Ingenieros
Constructores S.A. para la CESB

1.   La localización exacta y la solución técnica propuesta para la Hidroeléctrica de Itá se definieron después de los Estudios de Viabilidad de esta obra. Fueron conclusiones de esta etapa:

- la Hidroeléctrica de Itá resultó bastante prometedora por su bajo costo de generación de MW (megavatios) instalado;

- los efectos socioeconómicos sobre la población rural y urbana se analizaron, y se verificaron las posibilidades de compensarlos;

- también se inició una profundización de los estudios ambientales con el objeto de elaborar una planeación detallada de programas de control ambiental.

2. A finales de la década de los 70, con la divulgación por parte de Electrosul de su intención de construir 22 instalaciones en la cuenca del río Uruguay, se inició en la región un movimiento popular opuesto a la construcción de las hidroeléctricas. Este movimiento tuvo como resultado la creación en 1979 de la Comisión Regional de los Afectados por las Represas, que articuló la oposición de la población rural a la construcción e instalación de las hidroeléctricas.

3. Electrosul inició en 1986 estudios para conciliar las reivindicaciones de los distintos segmentos de la sociedad (como la empresa privada, sectores del gobierno y población rural) con la viabilización técnico-económica y financiera del proyecto.

4. De los 78 integrantes del equipo técnico que firman este documento, tan sólo tres son sociólogos; los siete geógrafos participantes (que podrían estar capacitados para analizar los aspectos poblacionales por su formación en geografía humana) tenían como tarea principal analizar aspectos del medio físico, tales como la geomorfología y la climatología.

Tema 4

Los intereses involucrados

9. *Energía es progreso*, es lo que nos repiten los representantes del sector eléctrico. *El país, dicen, necesita energía para desarrollarse.* Dicho de esta manera, es verdad. Pero es preciso que nos preguntemos: ¿quién se beneficia con la energía que se ha producido? ¿quién se va a beneficiar con la extraordinaria expansión de la producción de energía eléctrica que se proyecta?

Una primera respuesta nos la dan las gráficas que describen la distribución del consumo. Unos pocos sectores industriales consumen gran parte de la electricidad producida en el país. Y si damos un vistazo al consumo residencial (el consumo de las familias en sus casas), descubrimos que la distribución domiciliaria de la electricidad es tan injusta como la distribución de la renta: los 353 mil domicilios más ricos (el 1,76% del total) tienen un consumo de electricidad que es casi el triple de los 4 millones 800 mil domicilios más pobres.

10. La demanda de energía eléctrica debe entenderse dentro de un modelo económico exportador, en el que el país corre con los gastos ecológicos y sociales de ofrecer en el mercado internacional aquellas mercancías cuya producción exige grandes cantidades de electricidad (en lenguaje técnico, estos sectores se llaman *electrointensivos*).

Las hidroeléctricas no se planean para atender las necesidades de la población ni las necesidades del desarrollo nacional. Están ahí para abastecer a unos clientes grandes*, a grandes exportadores de elctrointensivos (aluminio, por ejemplo). A veces, algunos de estos grandes clientes cuentan con tarifas especiales: las fábricas de aluminio Albrás y Alumar dejan de pagar al año más o menos 200 millones de dólares, gracias a contratos que les aseguran el beneficio de ser abastecidas de energía por debajo del precio de costo.

11. El Brasil se endeuda para construir grandes hidroeléctricas que suministran energía subsidiada a algunas grandes industrias que exportan sus productos a precios bajos ¡para obtener divisas para pagar la deuda externa contraída!

El plan mismo de Electrobrás nos confirma esta verdad con cifras: la electricidad directa e indirectamente utilizada en los bienes exportados por el Brasil aumentó de 5.000 y 800 millones de MWh en 1975 a 24.000 millones de MWh en 1984. Así, mientras que en 1975 exportamos el 8,6% de la energía producida en el país, en 1984 esta cifra alcanzaba el

---

* El sector eléctrico no vaciló, en 1986, en someter a todo el nororiente del país a un racionamiento, incluso a las ciudades grandes y pequeñas, mientras que, al mismo tiempo, les aseguraba un suministro pleno de energía a unas cuantas industrias de aluminio localizadas en el Marañón y el Pará.

15,3%. En 1975 eran necesarios 675 KWh para exportar mil dólares; en 1984 se consumían 896 KWh para exportar los mismos mil dólares.

12.   Aparte de las grandes industrias electrointensivas y exportadoras, existen aún otros intereses vinculados al sector eléctrico. Veamos los principales:

a.   grandes grupos financieros involucrados en el financiamiento de obras;

b.   empresas constructoras, tanto las grandes, que logran, gracias a su poder político, acaparar los negocios, como las pequeñas, que son subcontratadas,

c.   empresas nacionales o extranjeras que suministran equipos necesarios para la instalación de las centrales hidroeléctricas, líneas de transmisión, etc.

d.   Empresas responsables por estudios y por la elaboración de proyectos relativos a las grandes obras: las llamadas *consultoras.*

13.   Ya vimos la importancia económica del sector eléctrico. No es difícil imaginar el poderío de estos enormes grupos económicos que, para proteger sus grandes ganancias, se asocian entre sí y con altos mandos de empresas estatales, técnicos y funcionarios de los órganos gubernamentales, grupos políticos y parlamentarios, medios masivos de comunicación (periódicos, cadenas de radio y TV, etc.).

Todo esto nos permite afirmar que el principal producto de la política energética no es la energía ni la electricidad sino la preservación y la expansión de la riqueza y del poder de unos cuantos conglomerados industriales y financieros, nacionales e internacionales.

Sección coordinada 5: Tema 5

Pregunta para los alumnos:

1er momento: en grupo
El ejercicio de ciudadanía hace referencia a los comportamientos que desarrollamos en relación con nuestros derechos y deberes, en los distintos grupos de los que hacemos parte.

1. Describa cualquier problema vivido por usted alguna vez en su calidad de hijo(a).
2. Indique el(los) derecho(s) y debere(s) del hijo con los que tiene relación.
3. Indique los comportamientos que usted asumió para enfrentar ese problema.

2º momento: toda la clase
El coordinador:

1. pega en tres pliegos de cartulina, respectivamente, los derechos y los deberes del hijo, y los problemas seleccionados.
2. orienta y coordina una discusión conjunta a partir del examen de los cuadros presentados y a la luz de los comportamientos descritos, con miras a concluir que tales acciones son acciones de naturaleza política.

3er momento: por parejas
*   Lectura del Texto 5: *¿Cómo hacer valer nuestros intereses?*

4º momento: en grupos pequeños (4 personas)
*   Contestar las preguntas basándose en el Texto 5.

1. ¿Qué derechos (o poderes) tiene usted en su calidad de alumno?
2. ¿Qué derechos (o poderes) tendrá cuando sea profesor?
3. ¿Qué deberes tiene usted en su calidad de alumno?
4. ¿Qué deberes tendrá cuando sea profesor?

5º momento: toda la clase
El coordinador fija las respuestas del los grupos en dos pliegos de cartulina, uno para derechos y deberes del alumno, otro para derechos y deberes del profesor. A continuación orienta una reflexión conjunta acerca de:

*   el poder político del alumno en la escuela y su ejercicio;
*   el poder político del profesor en la escuela y su ejercicio.

Sección coordinada 6: Tema 6

1er momento: individual
*   lectura del Texto 6: *El alumno y la conciencia ambiental.*

Aprovechando el potencial de poder político que tienen el alumno y el profesor, proceder a realizar los siguientes trabajos, para lo cual utilizarán los conocimientos adquiridos a los largo de estos seis temas.

Pregunta para los alumnos:

2º momento: en grupos pequeños
1. Hacer una lista que contenga los principales problemas experimentados por ustedes, alumnos, en esta escuela.
2. ¿Cómo afectan esos problemas su medio ambiente escolar?
3. ¿Qué han hecho ustedes para resolver cada uno de estos problemas y con qué resultados?
4. ¿Cómo podrían ustedes organizarse para intentar resolverlos de una manera más satisfactoria?

Observación: El profesor deberá anunciarles a los alumnos que él responderá las mismas preguntas, sólo que en la perspectiva de un profesor, desde el lugar que ocupa en la escuela, y que posteriormente se las mostrará, en un saludable y creativo ejercicio de comunicación educativa que pone en práctica los poderes políticos de estos dos agentes de la educación: alumno y profesor.

3er momento: toda la clase
El coordinador:

•   organiza en el tablero una única lista de problemas experimentados por los alumnos, a partir de las respuestas elaboradas por cada grupo, destacando los problemas sobre los que más hayan insistido;

•   coordina la exposición de las respuestas sobre el medio ambiente escolar y organiza una reflexión conjunta sobre las consideraciones presentadas y sus implicaciones;

•   organiza sobre cartulina la presentación de la actuación de los alumnos en relación con cada problema; invita a la clase a examinar estas informaciones y guía una reflexión conjunta de la clase sobre la situación verificada, utilizando en esta reflexión, particularmente, las nociones de los Textos 5 y 6.

4º momento: en grupos pequeños
Preguntas para los alumnos:

- elaborar propuestas de cómo podrían organizarse para colaborar en la solución de uno o algunos de los problemas señalados; utilizar para este trabajo especialmente los conocimientos adquiridos en los temas 5 y 6; recordar que hay que resolver los problemas colectivos y sociales de una manera colectiva y organizada. Por lo tanto, en la propuesta debe constar cómo se garantizará la participación de todos los estamentos de la escuela, desde la dirección hasta los empleados, colaborando y conquistando la colaboración de todos para sus causas.

5º momento: toda la clase
El coordinador:

organiza la presentación de los planes, procede a una reflexión conjunta acerca de las propuestas, guía la elaboración de una lista de prioridades y toma con la clase las decisiones necesarias para que todos den inicio a la vivencia de sus ciudadanías, en su calidad de alumnos, por medio de las acciones planeadas.

En caso de que los problemas señalados por los alumnos correspondan demasiado específicamente a la organización de una institución dada, sería interesante que el profesor sugiriera entre los problemas presentados por los alumnos alguna cuestión relativa a algún tema fácilmente relacionable con temas ambientales de espacios más grandes que superen la escuela, tales como la cuestión de las basuras escolares y la cuestión de la higiene ambiental, o incluso el suministro de agua de la escuela y su calidad, o también el suministro de energía eléctrica. Éstos son temas que favorecen el que los alumnos disciernan:

a.   la fuente u origen (de las basuras, del agua o de la luz eléctrica existente en la escuela);

b.   los comportamientos desarrollados por los agentes sociales existentes en la escuela en relación con estos puntos seleccionados (cómo tratan con ellos los alumnos, el director, los profesores y los demás empleados). Estas averiguaciones podrán llevarse a cabo mediante entrevistas, declaraciones por escrito, observaciones organizadas para este fin;

c.   verificación de problemas eventuales;

d.   elaboración de planes organizados y colectivos de colaboración para la solución o minimización de los problemas constatados;

e.   verificación de cómo estos puntos enfocados se dan en el medio ambiente más amplio en el que se inscribe la escuela, como el barrio y el país;

f.   elaboración de un plan de cómo puede la escuela colaborar con la comunidad inmediata en la que se inserta, en relación con los intereses enfocados, aun cuando sea a través de la divulgación de su trabajo interno entre los padres y demás interesados u organizando campañas de exposición y orientación a la población, a través de, por ejemplo, la producción de circulares y/o de la organización de discusiones y eventos culturales sobre los temas en cuestión.

Sección coordinada 7:

Como estamos tratando con cursos de formación de profesores, no es posible cerrar esta presentación de opciones de trabajos didácticos sin las siguientes sugerencias de actividades:

1er momento: en grupos pequeños
Cada grupo se concentra en cada uno de los cursos de la enseñanza básica primaria y en las características predominantes de cada uno de ellos.

Preguntas para los alumnos:
*   ¿cuáles son los intereses de los niños y preadolescentes de este curso? (Para responder, utilizar las experiencias vividas con estos cursos, así como observaciones y estudios ya realizados. Las entrevistas con profesores y alumnos de este nivel son muy enriquecedoras.)

2º momento: toda la clase
El coordinador:

*   organiza una exposición de cada grupo;
*   coordina una reflexión conjunta volcada hacia el aprovechamiento de los intereses verificados en la creación de actividades adecuadas al desarrollo de la conciencia ambiental, de la conciencia cívica y

de la ciudadanía entre los niños de los primeros cursos de la vida escolar.

3er momento: en grupos pequeños, repartidos según los cursos iniciales, los aspirantes a profesores, bajo la orientación del coordinador, deberán:

- organizar actividades para el conocimiento del medio ambiente, adecuadas para cada curso;
- organizar pequeñas actividades de preservación del medio ambiente, adecuadas para cada curso.

4º momento: toda la clase
El coordinador:

- organiza la exposición de las actividades propuestas, por curso;
- coordina una reflexión conjunta que favorezca el mejoramiento de las propuestas;
- coordina la producción de un texto colectivo, cuyo título podría ser *El profesor de enseñanza básica primaria y la formación de la conciencia ambiental de sus alumnos*, en el que se dará énfasis a la importancia del ejercicio de la ciudadanía y de la conciencia cívica (la consideración del otro en las acciones individuales y colectivas, públicas y privadas) desde la infancia, esto acompañado por la indicación de actividades didácticas creadas por los, hoy, alumnos y, mañana, profesores para la formación de la conciencia ambiental de nuestra infancia y juventud.

Bibliografía

ALVES, Nilda (org.). *Formaçao de professores: pensar e fazer.*
São Paulo, Cortez, 1992.

AMBIO, A Journal of the Human Environment. Royal Swedish
Academy of Sicences, vol. XXI, number 1, february 1992.

BRANCO, S. Murgel. *O meio ambiente em debate.* São Paulo,
Moderna, 1990.

BUENO, W. Celso. "A modernidade do Primeiro Mundo não cabe no Terceiro
Mundo". In: *Journal da USP,* 6 a 17 out. 1993.

CANDEIAS, J. Alberto. "Patentear ou não cabe no Terceiro Mundo". In:
Jornal da USP, 6 a 17 out. 1993.

CALVALHO, A. M. Pessoa de & PÉREZ, D. Gil. *Formaçao de professores
de Ciências.* São Paulo, Cortez, 1993.

CAVALCANTE, Itamar. "Proibido patentear a vida". In: *Journal da USP,* 26
abr. a 14 nov. 1993.

CAVALCANTE, Itamar. "Patentes: a hora da verdade para o Brasil". In:
Hournal da USP, 26 abr. a 02 maio 1993.

CEDI/CRAB. *Eduçao ambiental.* São Paulo, Paulinas, 1992.

CHIAVENATO, José Julio. *O massacre da natureza*. São Paulo, Moderna, 1991.

DALARI, Dalmo. *Viver em sociedade*. São Paulo. Moderna, 1983.

FERREIRA, R. Carlos. "Ofuturo do mundo mas mãos da ciencia e tecnologia". In: *Jornal da USP,* 6 a 12 out. 1993.

FONSECA, E. Gianetti. "O que é desenvolvimento sustentável". In: Folha de São Paulo, Caderno Finanças, 16 jan. 1994.

FONSECA, E. Gianetti. "A base moral da economia capitalista". In: *Folha de São Paulo,* Caderno Finanças, 16 jan. 1994.

FONSECA, E. Gianetti. Petente de DNA e seres vivos é uotra polêmica". In: *Folha de São Paulo,* Caderno Mais, 23 jan. 1994.

FORUM USP –Meio Ambiente e Desenvolvimento. São Paulo, Universidade de São Paulo, Coordenatoria de Comuniçao Social, maio 1992.

FREIRE, V. Torres. "Brincar de Deus em um laboratório". in *Folha de São Pau lo,* caderno Mais, 23 jan. 1994.

GIANNOTI, J. Arthur. "Novas formas de responsabilidade política". In: *Folha da São Paulo,* Caderno Mais, 23 jan. 1994.

GOLDEMBERG, José. "Energia para um mundo sustentável". IN *Correio da UNESCO,* ano 20, n. 1, jan. 1992.

GOHN, Maria da Glória. *Movimentos sociais e eduçao*. São Paulo, Cortez, 1992.

KOLTAI, Caterina. *Por que pacifismo?* São Paulo, Moderna, 1987.

LEITE, Marcelo. "Brasileiros se atrasam no debate". In: *Folha de São Paulo,* 23 fev. 1994.

MARQUES, Luis Alberto S. & MARQUES. Tania E. *Estudo do meio:* estudos sociais para o meio rural. Rio Grando do Sul, Mercado Aberto, s/d.

MARTINEZ, P. *Forma de governo:* o que queremos para o Brasil? São Paulo, Moderna, 1992.

PENTEADO, Heloísa Dupas. *Televisão e escola* – conflito ou cooperação? São Paulo, Cortez, 1991.

PENTEADO, Heloísa Dupas. *Metodologia do ensino de História e Geografia.* São Paulo, Cortez, 1991.

SACCOMANDI, Humberto. "Reino Unido debate o uso de óvulos de fetos", In: *Folha de São Paulo,* Caderno Mais, 23 jan. 1994.

SILVA, Y. Ezequiel. *Magistério e mediocridade.* São Paulo, Cortez, 1992.

TOFFLER, Alvin & TOFFLER, Heidi. "Economia do Pacífico anuncia uma nova era de instabilidade". In: *Folha de São Paulo,* Caderno Mais, 23 jan. 1994.

UNITED NATIONS Development Programme, Sustainable Development and Environment, abril 1992.

WEBB, Jeremy (New Scientist). "Gene 'fragil' causa deficiência mental". In: *Folha de São Paulo,* caderno Mais, 23 jan. 1994.

ZATZ, Mayana. "Os dilemas do mapa genético". In: *Folha de São Paulo,* Caderno Mais, 23 jan. 1994.